I0786993

MAGIA Y

RITUALES

Manderley - Esoterismo

MAGIA RITUALES
Primera edición revisada

MANDERLEY – ESOTERISMO. COLECCIÓN - COMO HACER...

©Rebeca Giner e Isaac Avalon, 2022
Primera edición electrónica: marzo de 2013 – Manderley
Primera edición impresa: septiembre de 2022 – Manderley

©Del diseño de la portada, Rebeca Giner e Isaac Avalon, 2022 a partir de las imágenes de: ©Montylov en Unsplash y ©Rodane Productions en Pexels

Imágenes interiores:
©Rebeca Giner e Isaac Avalon
©Content Pixie en Unsplash

ISBN: 9798352537572

Diríjase a Centro Manderley si necesita reproducir algún fragmento de esta obra.
Puede contactar con Centro Manderley por email en centromanderley@hotmail.com
Manderley – Esoterismo – Colección Como Hacer...

MAGIA Y

RITUALES

Rebeca Giner

Isaac Avalon

Manderley – Esoterismo

CAPÍTULO I
PRESENTACIÓN DEL CURSO

Este curso, pretende iniciar al alumno en los secretos de la magia; hay que partir de la base, que la magia es un movimiento de energías y como sabemos, la energía no se crea ni se destruye, SOLO SE TRANSFORMA, precisamente en este principio básico de la física, se fundamenta esencialmente, la magia positiva.

En este curso, NO se trabajará ningún tipo de ritual de magia negra, ya que dicha magia, para hacer daño, se sustenta en muchos casos, en mover las energías a través de pactos con entidades maléficas y estas energías una vez desatadas, pueden volverse contra quien las ha activado o incluso contra sus descendientes.

Partamos de la base, que evidentemente aún sin realizar pactos satánicos, cuando utilizamos la magia con fines negativos o para alterar el ORDEN establecido, podemos encontrarnos, con consecuencias totalmente imprevisibles. Por ello, nuestra recomendación, es la de utilizar, los conocimientos, que se adquieran, con suma prudencia y siempre con fines positivos.

Utilizar la magia con fines adecuados y con la necesaria prudencia, nos traerá un poder mental mucho mayor de lo habitual, con lo cual podremos, casi con seguridad, desarrollar otras facetas de la parte oculta de nuestra mente, como por ejemplo la videncia.

Aunque la magia, es una herramienta importantísima, para lograr objetivos, debemos saber, que aquellos rituales, preparados para un buen fin, pero que en caso de conseguirse la petición, traerían al final consecuencias perjudiciales, para quien los encarga, normalmente no surten efecto.

Hemos de ser comedidos en nuestras peticiones, que siempre deberán guardar un mínimo de lógica, podemos pedir por ejemplo suerte en el terreno económico, pero nunca debemos pedir riquezas innecesarias, ya que estas solo nos llegan cuando es necesario, para el equilibrio del macrocosmo y nunca a través de una petición.

Deseamos, que este curso os resulte útil y que sea ameno a lo largo de su desarrollo, al mismo tiempo, que pueda ayudaros a vuestro crecimiento interior y desarrollar vuestro potencial psíquico, pero no olvidéis, que realizarlo y practicar posteriormente, os llevará un tiempo y un esfuerzo, por ello recordar, que si llegáis a utilizar estos conocimientos, de forma profesional, debéis cobrar por vuestros servicios, como en cualquier otra profesión, pero nunca intentéis enriqueceros demasiado rápidamente, ya que al final terminaríais perdiendo vuestro poder y vuestro prestigio.

Os deseamos mucha suerte en vuestra iniciación y que siempre os sintáis guiados por la FUERZA.

CAPÍTULO II
LA MAGIA A TRAVÉS DEL TIEMPO

A través de la Historia, hemos visto continuamente refleja-da la magia. La magia ha sido a lo largo de los siglos, la herramienta con la que se ha conseguido modificar aquellos acontecimientos, que podían suponer algo indeseado.

También en la mitología, encontramos continuas referencias a la magia, utilizada en muchos momentos, incluso por los dioses.

Tanto en la antigüedad, como en la Edad Media, era común, que los reyes o dirigentes de los ejércitos, tomaran sus decisiones, una vez consultado el oráculo o bien al hechicero o mago, quién también a veces preparaba rituales, para cambiar el curso de una previsión, que no fuera favorable.

De todas maneras, quizás el momento histórico, en el que más se ha hablado de la magia, es durante la persecución de brujas y hechiceros por parte de la Santa Inquisición. Dicha persecución, que en un principio estaba dirigida contra los herejes y contra los adoradores de Satán, terminó siendo una caza de todo aquel, que de una forma u otra contraviniera los designios de la Iglesia, metiendo en el mismo saco a sanadores, alquimistas y a todo aquel que iba contra la "ciencia" establecida. El primer ajusticiamiento del que se tiene constancia, fue el de la bruja Angéle, en el año 1.274.

Aunque la brujería y el satanismo, forman ya de por sí un importante capítulo dentro del mundo de la magia, cierto es también, que nunca se ha podido verificar la autenticidad, de los pactos satánicos, que algunas personas dicen haber realizado. De todas maneras, tal vez la magia, que entraña una mayor belleza, es aquella en la que es la mente humana, a través de rituales, la que mueve y transforma las energías cósmicas, que es la que veremos a lo largo del presente curso.

El movimiento de estas energías, se produce a través de la mente, siguiendo una serie de pasos, encaminados en esencia, a conseguir concentrar la mente en la visualización de la consecución del objetivo deseado, usándose para ello diferentes formas rituales, que en muchos casos dependerán del profesional, que los ejecute.

En la historia, siempre veremos al mago o brujo, preparar la escena de forma adecuada, utilizando para ello, brebajes, piedras preciosas, velas u otros artículos, para conseguir esta adecuada concentración y visualización. Para ello, el profesional, debe de protegerse adecuadamente, ya que este movimiento de energías podría llegar a volverse contra de él y debe además protegerse adecuadamente de los ataques psíquicos, que pudiera recibir de otras personas, en función de su propio trabajo.

Como podemos ver, la magia no es algo que esté al alcance de los pusilánimes, ya que los propios rituales de iniciación y protección, que deberá llevar a cabo el futuro profesional, son largos y meticulosos y requieren una absoluta dedicación y exigen por otro lado no practicar ningún tipo de magia o hechizo, hasta tenerlos completamente realizados.

Y para terminar, haremos nuestra la definición de la magia, que hizo el gran ocultista Aleister Crowley: *"La magia es la ciencia y el arte de conseguir que se produzca un cambio, como consecuencia de la voluntad"*.

CAPÍTULO III
TIPOS DE MAGIA

Genéricamente, se habla de muchos tipos de magia, quien más y quien menos, ha oído hablar de "MAGIA BLANCA", "MAGIA NEGRA", "ALTA MAGIA", etc., pero lo realmente cierto, es que fundamentalmente, existen tres tipos de magia, de los cuales derivan todos los demás.

Inicialmente, surgió la magia antigua o "wicca", de la que nacen estos tres tipos, que hemos mencionado y describiremos a continuación.

MAGIA BLANCA. Es la ciencia y el arte de conseguir, que se produzca un cambio, en función de la voluntad, utilizando para ello medios no conocidos o contemplados por la ciencia tradicional, encaminados a obtener el Conocimiento y la Conversación, con el Santo Ángel de la Guarda.

MAGIA NEGRA. Es la ciencia y el arte de conseguir, que se produzcan cambios, de acuerdo con la voluntad, utilizando para ello medios hasta ahora desconocidos, por la ciencia tradicional, con el fin de provocar daños físicos o no físicos a otros o a uno mismo, pudiéndose realizarse consciente o inconscientemente.

MAGIA GRIS. Es como en el caso de los colores, una mezcla del blanco y el negro, ya que si bien es una magia NO perversa, pues no se pretenden daños a nadie, cierto es también, que no se trata de una magia puramente espiritual, ya que se pretende con ella, conseguir beneficios materiales. Por tanto podemos definirla como el arte y la ciencia de conseguir provocar cambios, a través de la voluntad, por medios desconocidos para la ciencia actual, con el fin de conseguir un bienestar físico o no físico, para los demás o para uno mismo y puede realizarse de forma consciente o inconsciente.

La Magia Gris, engloba toda una serie de magias, a las que en función de lo que se pretende conseguir, se las define con un determinado color, por ejemplo este sería el caso de la magia sexual conocida habitualmente como Magia Verde.

En este curso, se hablará de la Magia Blanca y de la Magia Gris, no se hablará de la Magia Negra, pero se explicará en que forma debemos actuar, para evitar, que de forma involuntaria (o premeditada), nuestros rituales, puedan llegar a convertirse en dicha forma de magia.

Aparentemente y por las descripciones dadas anteriormente, podemos llegar a pensar, que la magia, que utilizaremos comúnmente es la Gris, pero esto no es totalmente cierto. Imaginemos por un momento, que alguien pide nuestra ayuda, para recuperar su salud, a través de un sortilegio, aunque evidentemente, estamos efectuando Magia Gris, al hacer algo para ayudar a otra persona, nos estaremos acercando a la Divinidad, al Conocimiento y a la Conversación con el Santo Ángel de la Guarda, por lo cual estaremos, al mismo tiempo, realizando Magia Blanca.

En otro caso, hacemos un ritual, para conseguir para alguien un dinero, que le resulta imprescindible para algún determinado fin, pero una vez realizado el ritual, este dinero le llega en forma de herencia, debido a la muerte en accidente de un familiar. Automáticamente nuestro ritual, se habrá convertido en Magia Negra, ya que para conseguir un objetivo, hemos causado la muerte de una persona. Y hay una ley cósmica, en Oriente se llama *Karma*, que dice, que si se hace mal a alguien, aún de forma involuntaria, será el mal lo que se obtendrá, por tanto debemos tener un gran cuidado al efectuar sortilegios, a fin de evitar el llamado efecto *boomerang*.

Ante lo anteriormente explicado, podríamos pensar, que no existe manera humana de evitar caer con facilidad en la Magia Negra, pero no es así, ya que debemos dedicar el tiempo necesario a comprender la Magia Blanca, a través de la cual conseguiremos obtener sabiduría, a partir de aquí, antes de convertirnos en un poderoso mago gris, deberemos de aprender algún sistema adivinatorio, como por ejemplo el *tarot*, que nos permitirá averiguar de antemano, el resultado del ritual, que nos hayan solicitado, con lo cual se evitará el ir a parar a la Magia Negra, de forma involuntaria, pudiendo además por este sistema averiguar también la posibilidad de éxito del ritual.

CAPÍTULO IV
UTILIDADES DE LA MAGIA

La magia, es uno de los medios, que tenemos a nuestro alcance, para poder conseguir todas aquellas cosas, que deseamos, pero tal como hemos comentado anteriormente, la única limitación, es mantener unas reglas éticas, para no salirnos de las peticiones, que sean lógicas y positivas.

Por tanto si aprendemos a utilizar la magia de forma adecuada, se abrirá ante nosotros un abanico increíble de posibilidades. Si utilizamos los poderes, que adquiramos para ofrecerlos a otras personas, a fin de evitar caer, sin quererlo en prácticas de Magia Negra, deberemos confirmar a través de la adivinación, que lo que nos cuentan, para justificar el encargo, responde a la realidad y no es un embuste, para conseguir que efectuemos el ritual. Imaginemos por un momento, que existe la posibilidad, de que alguien se presente como esposo o esposa de una persona, sin ser cierto, y nos pida un ritual, para que esta persona, vuelva a quererle y no ser realmente el esposo o esposa, sino alguien, que pretende inmiscuirse dentro de un matrimonio, posiblemente bien avenido, si lo hacemos y se rompe el matrimonio, habremos realizado un ritual de Magia Negra.

Por ello y a fin de evitar errores, cuando nos concentremos para preparar y efectuar el ritual, deberemos de pensar también, que si existiera algún engaño, por parte de quien lo haya encargado, que no se produzca el sortilegio, de esta manera, evitaremos la posibilidad, de hacer algo impropio.

Una vez dicho lo anterior, debemos saber, que la magia resulta útil, para corregir o cambiar aspectos negativos, en cualquiera de las tres áreas básicas del ser humano: SALUD, DINERO Y AMOR.

Tan sólo es necesario, conocer la forma de llevar a término nuestros propios rituales o bien aquellos rituales más o menos estándar, que podemos encontrar en distintos libros y tratados, es importante saber, que es cierto que algunos materiales, plantas, hierbas, velas, etc., ayudan a la eficacia de los rituales, pero que lo verdaderamente importante, es nuestra concentración y visualización, que nos permita poner en movimiento nuestras energías psíquicas.

Deseamos, que este curso os sirva para canalizar positivamente vuestras energías y os permita realizar vuestros anhelos.

CAPÍTULO V
COMO PREPARARSE, PARA HACER MAGIA

El primer paso, antes de practicar ningún ritual, como ya hemos dicho anteriormente, es aprender algún arte adivinatorio, como tal vez el más popular es el Tarot, vamos a dar aquí, unas nociones básicas, sobre su manejo, aunque sería recomendable, para quien lo desconozca completamente, la realización de algún curso, para aprenderlo correctamente.

De la baraja tradicional del Tarot, usaremos tan solo los 22 Arcanos Mayores, para los no iniciados uno de los más adecuados, es el Tarot de Marsella. Antes de utilizarlo, procederemos a su desmagnetización, ritualización y consagración, este sencillo ritual, por tratarse de un ritual simple, en el que tan solo se pide videncia y se adquiere el compromiso de usar la baraja del Tarot, para el bien, puede ser realizado por el mismo alumno.

El primer paso a dar, será efectuar la PSICOMETRÍA de las cartas, para ello, procederemos de la manera siguiente:

Cada noche, antes de acostarse, se cogerá una carta del Tarot, empezando por EL LOCO, y terminando por EL MUNDO, al 22º día, una vez observada la carta durante unos minutos, (nunca más de 15 minutos), se volverá a poner en el mazo, que situaremos debajo de la almohada, al día siguiente, al despertar, tomaremos la misma carta, que observamos la noche anterior y la pondremos en nuestra pineal (entrecejo), la mantendremos así unos minutos, intentando recibir su imagen y el mensaje, que nos llegue y luego anotaremos nuestras impresiones de la carta. Una vez realizada la psicometría, procederemos a la ritualización de las cartas, de la siguiente forma:

DESMAGNETIZACIÓN, CONSAGRACIÓN Y OFRECIMIENTO DEL TAROT

Se deben conseguir los siguientes materiales:
- Agua bendita.
- Alcohol de quemar.
- 3 Velas blancas.
- 3 Porta velas.
- 1 Quemador-incensario.
- 1 Pastilla de carbón rápido.
- 1 Sobre de incienso en polvo.
- 1 Trozo de terciopelo negro o rojo, con el que se hará la bolsa, para el Tarot.
- 1 Baraja de Tarot de Marsella.
- 1 Caja de cerillas de madera.

A continuación, se procederá a la desmagnetización de los objetos, de la siguiente manera:

Se irán cogiendo uno por uno los anteriores objetos, se los rociará con el Agua Bendita, al tiempo, que se pronuncian las palabras siguientes: ***"TODAS LAS INFLUENCIAS Y ENTES, QUE ESTÉN PRESENTES EN ESTE OBJETO, SE ALEJARÁN DE ÉL Y SERÁN IMPOTENTES, PARA OPONERSE AL DESTINO Y OBJETO, QUE YO LE HE DADO"***.

Acto seguido, con los dedos índice y medio de la mano derecha extendidos, se trazará sobre el objeto en cuestión, el pentagrama de la estrella de cinco puntas, al tiempo, se dirá: ***"ASÍ SEA"***.

A continuación, procederemos a la consagración de los objetos, para lo que actuaremos de la forma siguiente:

Cogeremos cada objeto y pronunciaremos las siguientes palabras:

- *"CONSACRO TE (NOMBRAR AQUÍ EL OBJETO) AT DEMIURGUM".*
- *"CONSACRO TE (NOMBRAR AQUÍ EL OBJETO) AT MAGIAM".*
- *"CONSACRO TE UTILITATEM MEAM SOLUM".*

Cada vez que nombremos el objeto, con los dedos índice y medio de la mano derecha extendidos, haremos sobre el mismo la Señal de la Cruz.

Por último procederemos al ofrecimiento de las cartas del Tarot, para lo que procederemos de la siguiente manera:

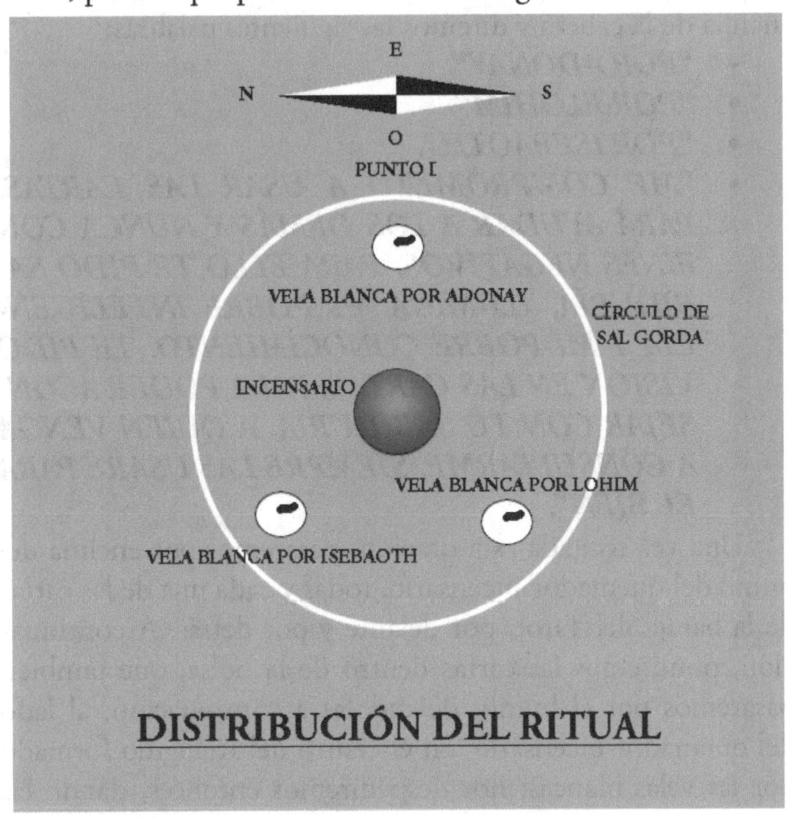

Distribuiremos las velas, poniendo primero la dedicada a ADONAY, segundo la de ELOHIM y por último la de ISEBAOTH, situando la de ADONAY, al ESTE, en el centro del triángulo formado por las velas, situaremos el quemador-incensario, en cuyo interior estará la pastilla de carbón rápido.

Una vez situado todo, encenderemos las velas blancas, empezando por la de ADONAY y siguiendo en el sentido horario, utilizando para ello, las cerillas de madera; encenderemos a continuación el carbón rápido, que si es necesario, rociaremos con el alcohol de quemar, usando asimismo para ello, las cerillas de madera. Cuando el carbón esté incandescente, echaremos sobre el mismo, el incienso en polvo, que también entrará en combustión.

Extenderemos entonces, los brazos en forma de "V", por encima de la cabeza y diremos las siguientes palabras:

- ***"POR ADONAY".***
- ***"POR ELOHIM".***
- ***"POR ISEBAOTH".***
- ***"ME COMPROMETO A USAR LAS CARTAS, PARA AYUDAR A LOS DEMÁS Y NUNCA CON FINES NEGATIVOS. PARA ELLO TE PIDO SABIDURÍA, ILUMINA MI POBRE INTELIGENCIA Y MI POBRE CONOCIMIENTO. TE PIDO VISIÓN EN LAS CARTAS, PARA PODER ACONSEJAR CON TU SABIDURÍA, A QUIEN VENGA A CONSULTARME. SIEMPRE LAS USARÉ PARA EL BIEN".***

Una vez recitada esta oración, pasaremos por encima del humo del quemador-incensario, todas y cada una de las cartas de la baraja del Tarot, por delante y por detrás. A continuación, pondremos las cartas dentro de la bolsa, que también pasaremos por el humo, dejándolas a continuación, al lado del quemador-incensario, en el centro del triángulo formado por las velas blancas; nos despediremos entonces, dando las gracias y lo dejaremos todo en esta posición, hasta que las velas se hayan consumido totalmente.

Cuando se consuman las velas, al ir a retirar las cartas y el quemador-incensario, repetiremos la oración anterior, poniendo igualmente los brazos extendidos en forma de "V", por encima de la cabeza. Será entonces, cuando las cartas, estarán ya a punto, para poder ser utilizadas.

SIGNIFICADOS ADIVINATORIOS DE LOS 22 ARCANOS MAYORES

EL LOCO.
Derecha: *Locura, insensatez, extravagancia.*
Invertida: *Descuido, duda, problemas producidos por la insensatez.*

1. EL MAGO.
Derecha: *Destreza, fuerza de voluntad y seguridad.*
Invertida: *Falta de destreza, vanidad, inseguridad.*

2. LA SACERDOTISA.
Derecha: *Conocimiento, educación, sabiduría.*
Invertida: *Ignorancia, superficialidad.*

3. LA EMPERATRIZ.
Derecha: *Creatividad, acción, fertilidad.*
Invertida: *Falta de poder, inactividad, vacilación.*

4. EL EMPERADOR.
Derecha: *Poder, eficacia, razón.*
Invertida: *Obstáculos a los planes, emociones inmaduras.*

5. EL SUMO SACERDOTE.
Derecha: *Caridad, bondad, persona virtuosa.*
Invertida: *Debilidad, amabilidad excesiva.*

6. LOS ENAMORADOS.
Derecha: *Una prueba que deberá superarse, un nuevo amor.*
Invertida: *Amor perdido, infidelidad, fracaso.*

7. **EL CARRO**.
   Derecha: *Triunfo, superación de obstáculos.*
   Invertida: *Derrota, los obstáculos han podido con nosotros.*

8. **LA FUERZA**.
   Derecha: *Poder espiritual, poder físico.*
   Invertida: *Carencia de fuerza y de espiritualidad.*

9. **EL ERMITAÑO**.
   Derecha: *Austeridad, progreso espiritual, precaución.*
   Invertida: *Temor, precaución excesiva, actos insensatos.*

10. **LA RUEDA DE LA FORTUNA**.
    Derecha: *Buena fortuna, éxito, suerte.*
    Invertida: *Mala suerte, fracaso.*

11. **LA JUSTICIA**.
    Derecha: *Balanza, justicia, equilibrio.*
    Invertido: *Prejuicios, intolerancia, falta de equilibrio.*

12. **EL COLGADO**.
    Derecha: *Sabiduría como consecuencia del propio sacrificio.*
    Invertida: *Egoísmo, intento de adaptarse a la multitud.*

13. **LA MUERTE**.
    Derecha: *Cambio o transformación progresivos.*
    Invertida: *Estancamiento.*

14. **LA TEMPLANZA**.
    Derecha: *Combinación o unión de cosas aparentemente diferentes.*
    Invertida: *Conflicto de intereses.*

15. **EL DIABLO**:
    Derecha: *Va a ocurrir algo, que a la larga, será beneficioso.*
    Invertida: *Va a ocurrir algo, que será perjudicial.*

16. **LA TORRE**.
    Derecha: *Ruina, catástrofe, ruptura.*
    Invertida: *Igual que al derecho, pero menos intenso.*

17. **LA ESTRELLA**.
    Derecha: *Esperanza, futuro brillante.*

Invertida: *Esterilidad, rotura de esperanzas.*
18. LA LUNA.
Derecha: *Engaños, enemigos ocultos.*
Invertida: *Pequeños engaños.*
19. EL SOL.
Derecha: *Alegría y satisfacción.*
Invertida: *Igual, pero en menor grado.*
20. EL JUICIO.
Derecha: *Renovación, renacimiento.*
Invertida: *Trabas, retrasos.*
21. EL MUNDO.
Derecha: *Éxito garantizado, realización.*
Invertida: *Fracaso, inercia, malos resultados.*

Podríamos añadir, muchos más valores tanto esotéricos, como adivinatorios a las cartas del Tarot, pero esto ya formaría parte de un curso específico. A pesar de lo dicho anteriormente, en el sentido, de que cualquier sistema adivinatorio, puede resultar de utilidad, para evitar caer en la Magia Negra, se hace especial hincapié en el Tarot, porque como veremos más adelante, además de ser un medio adivinatorio, muy completo, forma parte activa de muchos rituales de magia, con lo cual, resulta imprescindible conocerlo adecuadamente.

Es realmente importante saber, que el Tarot, como medio adivinatorio, nos indica, lo que va a suceder, de acuerdo con el camino, que llevamos, por tanto, deja la potestad de elegir, seguir o no por el mismo camino, para que se produzca el acontecimiento, o conseguir modificar el futuro.

Para potenciar al máximo la capacidad del intelecto, es necesario realizar una iniciación completa.

Realizar esta iniciación requiere efectuar una serie de ejercicios y la ingestión de determinados productos, que pueden ser perjudiciales para algunas personas. Si la hace recuerde que la hará bajo su entera responsabilidad, pero si decide no hacerla, al final de las tres etapas que la com-

ponen encontrará un método de iniciación algo menos poderoso, pero mucho más simple de hacer.

INICIACIÓN COMPLETA

Dicha iniciación, consta de tres etapas y el mejor momento para iniciarla, es en el equinoccio de primavera, o sea el 21 de Marzo.

PRIMERA ETAPA

En este día, hay que levantarse al amanecer, para contemplar la salida del sol y justo cuando el sol, esté sobre la línea del horizonte, adopte la postura de estrella (piernas separadas y brazos extendidos, emulando una estrella de cinco puntas) y mirando al sol, repita por tres veces, lentamente, las siguientes palabras:

- **"SALUD A TI HELIOS, SALUD A TI PADRE MÍO, SALUD A TI HELIOS, ALMA RESPLANDECIENTE DEL MUNDO".**

Una vez recitado el ritual, deberá permanecer en la postura de estrella, durante cinco minutos, deberá entonces irse a su casa, donde tomará una cucharadita de polen de flores y un té azucarado.

Deberá entonces situarse delante de un espejo, que pueda reflejar la imagen completa de su cuerpo, se sentará frente al mismo, en posición de cuclillas, poniendo su pie izquierdo, debajo de la planta del pie derecha, con las rodillas separadas, a sus espaldas, habrá situado una tela de color rojo brillante y estará Vd. desnudo o muy ligero de ropa.

En esta posición, levantará los brazos, con las palmas de las manos extendidas, mirando hacia su imagen reflejada en el espejo, procediendo entonces a saludarse, de la forma más espontánea posible, con las palabras siguientes, que deberá repetir nueve veces:

- **"SALUD A TI (DIGA AQUÍ SU NOMBRE) HIJO DEL SOL, HERMANO DE LA LUNA, YO TE SALUDO, OH ESPÍRITU INMORTAL. ¡YO SOY EL UNIVERSO, LA FUERZA, YO SOY EL VIENTO! ¡MI ALMA VIVE EN LA FUERZA, MI ESPÍRITU ALETEA EN EL VIENTO!**

Una vez las haya repetido nueve veces, siéntese sobre las nalgas, con las piernas estiradas y abiertas, con las plantas de los pies mirando hacia el frente, apoye los codos en las rodillas y sujétese con fuerza el pulgar izquierdo, con la mano derecha, en esta posición, respire profundamente, durante diez minutos.

No comerá nada hasta el mediodía. Antes de comer, tomará una cucharadita de polvo de loto en una tacita de café azucarado, el menú consistirá en un filete poco hecho y pan de centeno.

Ya no comerá nada más y antes de acostarse, hará los ejercicios siguientes:

1. Túmbese boca abajo, en esta posición, levante la cabeza y los pies hacia arriba, hasta sujetar con sus manos echadas hacia atrás, los tobillos, no piense en nada y mantenga esta postura durante tres minutos. Levántese y relájese, haciendo oscilar su cuerpo incluida la cabeza, de arriba a abajo, pero eso sí, con mucha suavidad, vaya entonces echando su cuerpo hacia atrás, hasta tocar el suelo con la palma de la mano, dejando la cabeza muy suelta y tensando el resto del cuerpo, manténgase así durante tres minutos. Relájese nuevamente como antes, haciendo movimientos oscilatorios, desde los pies, que irá levantando de forma alternativa, hasta la cabeza, como si tratara de una ola.

2. Una vez realizado esto, acuéstese boca arriba y con los codos en el suelo, sitúe sus manos en los riñones, para elevar las piernas y la espalda hasta la vertical, le que-

dará la cabeza apoyada sobre la nuca. Mantenga esta posición durante tres minutos, para luego lentamente, ir bajando los pies, hacia atrás, de forma que las puntas de sus pies, toquen el suelo, por detrás de su cabeza, extienda entonces sus brazos, quédese así otros tres minutos y luego, lentamente, pasando nuevamente por la vertical, vuelva a la posición inicial de tumbado boca arriba, levántese luego y relájese tal como ya hemos explicado, entonces vaya ya a descansar.

Todo el contenido de esta iniciación, debe repetirse, desde el día que se inicia durante treinta días. Una vez repetida esta iniciación durante treinta días, pasaremos a la segunda etapa.

SEGUNDA ETAPA.

Para tener la fuerza psíquica necesaria, al realizar rituales de magia, es muy importante elegir un nombre adecuado, que le ofrezca la imagen de la potencia. Es básico, no utilizar el nombre, que ya teníamos, puesto que iniciamos una nueva y distinta etapa en nuestra vida, donde vamos a desarrollar unas capacidades, hasta ahora desconocidas, por nosotros mismos, con lo que seremos sin duda, un nuevo ser totalmente distinto.

Dicho nombre, a modo de orientación, podría elegirse, entre los nombres de los planetas, que componen nuestro sistema solar o nuestra galaxia o bien entre los nombres de los arcanos del Tarot egipcio, en el caso de elegirlo, entre las cartas del Tarot. Deberá tener extrema precaución, eligiéndolo entre los símbolos positivos y prodigiosos, evite los negativos, ya que le acarrearían desgracia.

Una vez elegido el nombre, trazará sobre su frente con los dedos índice y medio, usando agua y sal para ello, el signo del pentagrama mientras dice:

- *"Hoy nazco a una nueva vida y me voy a llamar (diga aquí el nombre elegido)"*.

Arrodillado delante del espejo, poniendo el pie izquierdo, sobre la planta del derecho, recuerde tener a sus espaldas un trapo rojo y llevará encima tan solo algo blanco, alrededor de las caderas, después, mirándose a menudo, vaya leyendo el párrafo siguiente, extraído del libro egipcio de los muertos, que atestigua la salida del espíritu a la luz universal, podrá hacerlo, cuando haya repetido durante nueve días el ritual de la imagen de la fuerza, el conjunto de estas dos acciones, representa **la segunda iniciación**.

A CONTINUACIÓN TRANSCRIBIMOS EL PÁRRAFO EXTRAÍDO DEL LIBRO EGIPCIO DE LOS MUERTOS:

"Yo soy el hoy, yo soy el ayer, yo soy el mañana.

A través de mis numerosas vidas, sigo siendo joven y vigoroso.

Yo soy el alma indivisa y misteriosa, que al principio creó Dios y cuya esencia oculta, alimenta Duat del Amenti y del Cielo.

Yo soy el Guía de Oriente, el Señor de los Dos Rostros Divinos.

Mi luz reviste a todos los resurgidos, que mientras llevan a cabo sucesivas transformaciones en el reino de la muerte, penosamente buscan el camino a tientas, en el Reino de las Tinieblas.

Vosotros, espíritus de cabeza de gavilán, de ojos impasibles; vosotros, que habitáis los lugares elevados, escuchad atentamente las palabras mágicas pronunciadas por los que siguen mi ataúd que avanza hacia la oscura morada.

Y vosotros, que precedéis y seguís a Ra a lo largo del camino hacia el vértice del cielo, mientras él mismo, Señor del Santuario erigido sobre su barca, hace aparecer, con el fulgor de sus rayos, los frutos de la tierra.

¡Todos vosotros, sabed, en verdad, yo soy Ra!

Ra en lo opuesto, y por tanto, yo mismo, es decir, el que ha cincelado de cristal la bóveda del firmamento de Ptah.

¡Oh Ra!, tu espíritu se regocija, tu corazón está contento cuando contemplas la maravillosa armonía de este día, cuando penetras en esta celeste ciudad de Khemenu, para abandonarla luego por la puerta del Este.

Los primeros siervos de los Dioses, que te han precedido, vienen a tu encuentro, con coros festivos...

¡Oh Ra!, ¡haz que aparezcan ante mí, resplandecientes y agradables, los caminos recorridos, por tus rayos solares! ¡Dame tus sendas luminosas, cuando vuele desde la tierra, hacia las regiones celestiales! ¡Plásmame en tu luz, alma misteriosa!

Heme aquí ante ti, oh Dios, cuya voz retumba como poderoso trueno, en las vastas regiones de los muertos...

No me imputes los pecados de mis antepasados, líbrame del espíritu falso y maléfico, cuyos ojos permanecen cerrados hasta el atardecer, y por la noche, se dedica a destruir a los mortales...

En verdad desbordo de infinitas posibilidades, "Gran Tenebroso", es mi nombre, lo que encierro en mí, lo revelo en la transformación de mis formas cambiantes...

He aquí al Dios grande e infinito, cuya voz misteriosa, despierta la divinidad, que estaba oculta en mi corazón.

He aquí, que este Dios, levantando su brazo Todopoderoso, dice: ¡Ven, pasa por encima del abismo!...

Mira, tu enemigo, yace ante ti, reducido a la impotencia, las cosas unidas a la nuca, la espalda unida a la cabeza...

¡Oh Divinos Príncipes de la Región de los Muertos!

¡Que ese día Isis y Neftis, puedan sacar la fuente de mis lágrimas, cuando en la otra orilla, contemple mi otro yo, obligado por mí mismo destino, a recorrer los círculos de Abydos celeste!

¡Y las cuatro columnas del espacio, con sus puertas y sus cerrojos, en mí o fuera de mí, sean entregadas al poder de mi brazo!

Que mis piernas, sean veloces como las de un perro, al recorrer las sendas del más allá.

El dios de la doble cabeza leonina, ha alimentado mi cuerpo, Igaumismo lo ha colocado en su ataúd: ¡mi alma es prodigiosa!

Yo paso forzando las puertas.

Hago penetrar desde las más remotas Regiones Celestes la llama que brilla en mi corazón, ya que mi nombre es: "Aquel que conoce los Abismos", y es para asegurar vuestra custodia, oh espíritus desencarnados, que pobláis por millones el Más Allá y que yo actúo ahora calculando y tomando buena cuenta de los días y de las horas propicias, de las estrellas de Orión y de las doce divinidades, que las rigen.

He aquí, que juntan sus manos, pero la sexta, pende sobre el borde del abismo, en la hora de la derrota del demonio...

Ya ha llegado triunfante, ante un amplio espacio del Mundo Inferior, llevando ofrendas al dios Shu...

Cuando la sangre de los impuros, esté fría al final de las masacres, y la tierra se haya recompuesto del todo, se cubrirá de flores y de frutos nuevos y Yo me mostraré como Señor de Vida.

¡Grande será mi esplendor dentro de la armonía maravillosa, en el día de mi renacimiento!

Es cierto, yo derribaré el obstáculo de aquellos que, hostilmente aliados contra mí, tejen insidias para rechazarme...

¡Demonios que reptáis sobre vuestro vientre, que Yo soy plenipotenciario del Señor de los Señores, vengo, la causa de Osiris!

Los ojos, pueden rechazar las lágrimas.

Estoy invitado por Aquel, cuyo brazo no tiembla, amo de sus posesiones. Yo he recorrido todos los caminos desde Sekem hasta Heliópolis, para ser Divina Fénix sobre el estado de las cosas del mundo inferior...

¡Salve Reino del Silencio, con todos los secretos que encierras!

Tú creador de fuerzas de vida, como el propio Kefra las crea, ¡Hazme ver el disco de Ra!

¡Que el gran Shu habitado y de Eterna Duración me haga aparecer ante él!

¡Continúo en paz mis viajes al Más Allá!

¡Que yo pueda atravesar el firmamento contemplando sus esplendores!

¡Que pueda yo volar como el águila en los cielos límpidos, viendo día tras día a los Espíritus Elegidos, todos reunidos alrededor de Ra!

Que pueda ser ayudado por las oraciones de los Iniciados que con sandalias ligeras rozan el polvo continuado en silencio...

¡Y Tú, Ser todopoderoso de rápidos movimientos, oh Tú, que guías a los elegidos hacia las regiones inferiores, ponme como favorito por los Dioses, y que recorra en paz la Región de los Muertos!

¡Ten piedad de mí!

Mi debilidad es grande y con gran esfuerzo consigo dominar mis múltiples almas...

¿Quién eres demonio, que te escondes en lo más profundo devorando en silencio las almas?

No te acerques, no me toques... ¡Yo soy el Príncipe de Restau, aquel cuyo nombre está revestido de tal potencia que abre las puertas del mundo inferior!

Cuando salga por ellas, mi nombre será: Divinidad que busca y aspira al Señorío de la Eternidad y de la Tierra.

En cuanto la Diosa encinta se aligere de su fardo, la puerta de la muralla se cerrará a cal y canto y me alegraré al ver que cierran.

Al amanecer, la gran Divinidad recupera su ojo y su rostro queda iluminado, ¡lejos de mí lo que es putrefacto!

Yo me transformo como el Dios León, coronado por las flores de Shu.

Yo no temo las aguas del abismo...

¡Dichosos aquellos que observen su cuerpo mortal desde el Más Allá y quedan en paz, después que Osiris, Dios de corazón prisionero, haya descendido extendiéndose en su día!

¡Mira, yo soy aquel que avanza hacia la luz plena del Verdadero día!

¡Al lado de Osiris, yo soy "Señor de Vida"!

¡Mi esencia, libre de apariencias caducas, será eterna!

Aprieto contra mi pecho y abrazo amorosamente al Sagrado Sicomoro, que me acoge entre sus brazos amables...

¡Yo tomo posesión del ojo de Hous!

Que él pueda reinar en paz sobre el Universo.

Mira, yo contemplo a Ra cuando se pone.

Cuando aparece en la nueva aurora, uno mi aliento vivificante con él.

Lo adoro con manos puras.

¡Que todas las partes que forman mi ser, estén firmes en su cohesión y no sean dispersadas!

Como un pájaro me cierno y planeo hacia la tierra...

Sigo caminando por la huella de mis miembros anteriores, porque ahora soy el niño de Jerí...

Que las dos divinidades Akorú, presidan mi devenir...

¡Que la poderosa Tierra me otorgue, en el momento de peligro, su fuerte vigor!

¡Que los dioses poderosos, me tengan bajo su custodia, siguiendo mis huellas hasta el Más Allá!

Que mi carne sea más fuerte y más sana... que el alma santificada vele sobre mis miembros, protegiéndolos, cubriéndolos con sus alas, hablándoles dulce y amorosamente...

¡Que las jerarquías divinas, oigan pues mis palabras!

¡Que sepan entender mis palabras!"

Encienda ahora unas barritas de incienso negro, en un lugar situado al norte de la habitación. Coja un vaso lleno de sal y también una copa de cobre, introduzca una navaja dentro de la copa de cobre y llénela con agua, una vez hecho esto, coloque el vaso de sal y la copa de cobre con agua y la navaja dentro, en el centro de la habitación y sitúese mirando hacia el norte, hacia donde deberá seguir mirando a lo largo de todo el ritual.

Deberá trazar ahora un gran círculo de sal gruesa, el círculo deberá ser lo suficientemente grande, como para poder arrodillarse dentro, junto a los objetos explicados en el párrafo anterior. Dentro del círculo, situará nueve velas amarillas, formando a su vez un círculo, dichas velas, serán encendidas, empezando por la que esté situada al norte y siguiendo en el sentido anti-horario.

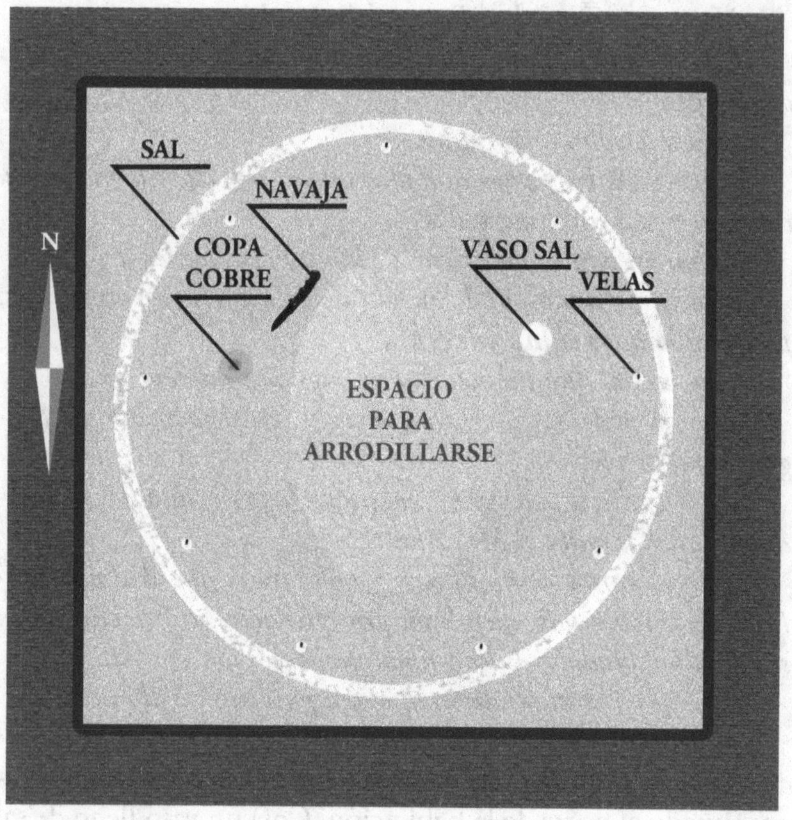

Arrodíllese en el interior del círculo, en la posición indicada en el gráfico, frente a los objetos anteriormente explicados, vuelva nuevamente a leer el párrafo del **libro de los muertos egipcio**, una vez leído, con la mano izquierda, irá cogiendo veintidós puñados de sal del vaso y los irá echando en la copa de cobre, empuñe entonces la navaja con la mano derecha y agite el agua tres veces con ella, haciendo el símbolo del pentagrama sobre el fondo de la copa de cobre. Acto seguido, trace con la navaja el símbolo del pentagrama en las palmas de las manos y luego en el dorso, luego en la frente, después en el pecho, a continuación en el plexo solar, luego bajo el ombligo, después en las rodillas, para terminar hágalo en las plantas de los pies y en el dorso y a continuación en la espalda, tenga precaución al ir marcando los pentagramas en su cuerpo, de no cortarse con la navaja.

Cuando termine con todo esta parte, repita tres veces la siguiente frase:

- *"Por Arcadia, por Isis, por Helios, por (**diga aquí el nombre que haya elegido**), mira, así como soy, yo ganaré".*

Lávese a continuación la cara, el cuello, las manos y el tórax, con el agua de la copa de cobre, mientras va diciendo:

- *"Yo (**diga aquí el nombre que haya elegido y el suyo propio**), abro nuevos ojos al mundo, me ofrezco a una nueva vida, he aquí que yo... abro una boca nueva a unos tesoros nuevos, declarándome el nuevo camino, ¡mi corazón desborda de fe y potencia eternas, amén!".*

Levántese entonces y permanezca con los ojos cerrados, apretando el pulgar izquierdo, con la mano derecha; siempre de pie, lea por tercera vez el párrafo del **libro de los muertos egipcio**, una vez termine, exclamará:

- *"Isis, Helios, Urano, (**diga aquí el nombre elegido por Vd.**) ¡el Universo y el viento, me protegerán, el mundo y el cielo me seguirán!".*

Siéntese a continuación, con las piernas separadas y con las plantas de los pies, pegadas al suelo, apoye los codos sobre las rodillas, apretando siempre el pulgar izquierdo con la mano derecha, deje entonces, que su cabeza caiga hacia atrás, cierre los ojos y esté sin pensar en nada todo el tiempo que pueda. Cuando empiece a notar sensación de malestar, levántese, inclínese y dé las gracias, apague a continuación las velas y deshaga el círculo de sal.

Las velas, el agua y la sal sobrante, deberá enterrarlos en la tierra de una maceta, la navaja y la copa deberá tenerlas siempre a mano, ya que las deberá usar cada vez, que precise efectuar alguna petición.

Cada vez que desee efectuar una petición, invoque su nombre, contándole lo que necesita, teniendo a su lado mientras lo hace la copa de cobre y la navaja.

Si ha llevado a término las dos iniciaciones, con éxito, ha puesto a su alrededor un escudo protector potentísimo, que evitará que le lleguen los rebotes y los maleficios que puedan hacer contra Vd. Solo con esto dispone ya de una poderosa arma, que le va a permitir actuar, con grandes posibilidades.

Deberá descansar hasta la luna nueva y habrá llegado el momento de realizar la tercera iniciación.

TERCERA INICIACIÓN: LOS DESEOS

Cuando tenemos un deseo, expresarlo, prepararlo y llevarlo a la práctica, son tres fases de las que en parte, depende nuestra vida, un solo deseo es suficiente, a veces, para dar un cambio total a nuestra existencia.

Por tanto, cada vez que tengamos un deseo, deberemos analizarlo cuidadosamente, observando también las consecuencias, que conseguirlo, puede acarrearnos, para ello deberemos también tener en cuenta, los efectos, que producirá en nuestro mundo particular: hijos, familia, padres, cónyuges y en general a nuestros seres queridos.

Recordaremos por tanto, que en muchas ocasiones, una vez conseguidos los objetivos, que perseguimos, estos nos sobrepasan y no nos dan la felicidad, ya que pueden estar por encima de nuestras posibilidades físicas o psíquicas.

Le tercera iniciación, le conferirá una especial fuerza, que le capacitará, para que nada le sorprenda, para que nada le sobrepase, afrontando pues cualquier cosa con fuerza y estilo, ya que sin duda se lo habrá ganado.

Para llevar a cabo la tercera iniciación, en noche de luna nueva, deberá tener preparadas nueve velas plateadas, una campanilla de plata, un anillo de plata y una perla y la siguiente mezcla, que habrá preparado durante el día:

- 2 gr. de alcanfor.
- 2 gr. de semillas de amapola.
- 3 gr. de ranúnculos.
- 3 gr. de incienso en polvo.
- 3 gotas de sangre del dedo medio de su mano izquierda.
- 1 clavel rojo.

Deberá desmenuzarlo todo y hacer una mezcla homogénea, ponga la mezcla en la copa de cobre. Coja una bandeja de plata y sitúela a sus pies y ponga en ella el anillo de plata, la perla, la campanilla y las velas plateadas. En una copa de cristal, ponga aceite de oliva y sitúe la copa junto a la bandeja, al lado de la copa de cobre.

Sitúese Vd. de forma tal que quede mirando la luna, debe llevar encima algo de color gris, aunque solo sea un trapo de este color alrededor de la cintura, justo a la medianoche, deberá recitar las siguientes palabras:

- *"Isis, Isis, Isis, Espíritu Lunar... durante muchos años he llorado, acallando mi dolor... ¡Aquí tienes la ofrenda de mis lágrimas!".*

Levantará entonces la copa de aceite y permanecerá durante un minuto en esta posición y en silencio, luego dirá la siguiente oración:

- *"¡Isis, Isis, Isis, fuerza de lo imposible! ¡Vierte sobre mi dolor semillas de gozo creativo... mil ojos de plata marcan mi camino... dulzura, fuerza, amor, gozo, tumultuantes como el sol naciente, sean tus dones para mi vida!"*

Deberá permanecer después, con los ojos cerrados, tres minutos en silencio, para rezar a continuación, con toda la firmeza de la que sea capaz, la siguiente oración:

- *"¡Apareces ante mí resplandeciente como el alba, Isis! ¡Me concedes resplandores de pureza de nueva vida, Isis! Mi camino se ilumina, yo ando sobre láminas de plata... Me* *arropo de luz infusa, mis pupilas son plateadas y potentes... Llevo en la frente el signo de tu poder, ¡ningún enemigo despiadado, volverá a estorbarme! ¡Los demonios de la tierra, no volverán a ponerme la zancadilla! ¡El que se rió de mis llagas, desgarrará las suyas como fiera enloquecida! Isis, todo esto te lo debo a ti, Isis, tú lo quieres, me pongo bajo tu manto, Isis, y en tus brazos plateados, encuentro el consuelo, las brisas del universo, acarician mis miembros suavemente, Espíritus Elegidos forman hilera cuando me ven avanzar, fuerzas desconocidas y aliadas otorgan fortaleza a mi brazo, para que jamás se diga: -Yo te he vencido-; para que jamás se diga: -Le he aplastado la cabeza-; para que jamás se diga: -Le vi como estrujaba su corazón traspasado entre las manos; para que jamás se diga: -Cogió su cuerpo y lo tiró al abismo-; para que jamás se diga: -Enterró sus deseos y esperanzas, junto a su propia vida. Tú puedes, Isis, tú quieres, Isis, porque ahora yo soy **(diga aquí su nombre elegido y el suyo propio)**, sangre de tu sangre, aliento de tu aliento, alma de tu esencia única, te pertenezco, yo soy tú y tú eres yo, idénticas y perfectas almas gemelas"...*

Una vez haya rezado con mucho sentimiento y calma este párrafo, habrá sellado un sutil lazo de unión entre Isis y Vd.

Moje entonces su mano derecha en el aceite y toque con ella todos los objetos, vierta en la copa de cobre el aceite sobrante, eche entonces alcohol encima y de pie, con los brazos levantados en forma de V sobre su cabeza, invoque a Isis, noventa y nueve veces, a continuación, repita nueve veces, la siguiente invocación:

- ***"GABRIEL BILETH MISSALN PUHL"***

Una vez haya completado las invocaciones, santígüese y a continuación, rece un padrenuestro, un avemaría y un gloria y de rodillas, encienda el contenido de la copa de cobre, al tiempo que dirá:

- ***"Toma en tus manos Isis, toda mi vida"***

Medite entonces sobre su futuro, al tiempo que enciende el incienso. Ayúdese con la navaja, para conseguir, que se consuma totalmente y quede reducido a cenizas.

Deberá dejar en la bandeja el anillo, las velas, la perla y la navaja, sin moverlo, durante cuatro noches y en la quinta noche, empezará la segunda parte del ritual.

Empezará la segunda parte, levantando una de las velas plateadas hacia el cielo y diciendo:

- ***"¡Mi dolor se ha convertido en gozo, mis penas se han convertido en victoria; la incertidumbre, el miedo y la derrota, han huido ante la plateada carroza real, en la que Isis está ineluctablemente entronizada! Estrella entre las estrellas a mi lado, estás tú, Luz entre las luces, soberbia e invencible reina, y has puesto tu signo victorioso sobre mi cabeza"***

Coloque entonces todas las velas de una en una alrededor de la bandeja de plata, enciéndalas y déjelas consumir durante toda la noche. A la mañana siguiente, entierre la cera sobrante en la maceta y recoja la bandeja y los objetos en ella depositados.

Deberá a partir de aquí, descansar otras cuatro noches y en la quinta noche, reanudar el rito de la siguiente forma:

1. Ponga todos los objetos, que estaban en la bandeja, dentro de la copa de cobre.

2. Coja la copa con sus manos y póngala en contacto con su cuerpo, justo debajo del ombligo. Concéntrese, respire profundamente nueve veces y rece la siguiente oración, al tiempo que va encendiendo nueve barritas de sándalo blanco, que situará delante de Vd.:

   "Blanca tú eres, luna, como el alba de primavera...
   ¡Tu resplandor es puro, tu fuerza invencible!
   Tus ojos de plata, penetran en el corazón de la tierra, descomponen los destinos, quebranta paredes invencibles...

Tus ojos pesan en el corazón de la gente, ya que nadie se resiste a tu poder... ¡Todo el que confía en ti, saldrá vencedor, poderoso, indestructible! ¡Yo... te ofrezco mi vida, Protectora Universal, guerrera indomable, fuerza de lo imposible!"

Una vez realizado todo esta parte, deberá descansar hasta la noche de luna llena, en esta noche, un minuto después de la media noche, deberá poner en la copa de cobre incienso y barritas de sándalo perfumadas, hasta llenarla.

Cubra la bandeja de plata, con hojas de salvia y ponga encima la perla, el anillo, la navaja y la campanilla.

Rocíe el contenido de la copa de cobre con mucho alcohol, remuévalo todo con la navaja y enciéndalo, vuelva entonces a leer todas y cada una de las oraciones y los párrafos utilizados en el ritual, desde la primera iniciación, hasta la última. Cuando termine la lectura, haga sonar la campanilla, durante unos segundos y efectúe a continuación, por nueve veces, la siguiente invocación:

- ***"GABRIEL BILETH MISSALN PHUL".***

Repita después veintidós veces:

- ***"ISIS, ESCUCHA Y ATIÉNDEME".***

Cuando el incienso, de la copa, se haya consumido totalmente, tire las cenizas y los objetos utilizados en el ritual, deberá guardarlos de la forma siguiente:

- La perla, deberá engarzarla en un anillo, que llevará puesto siempre en el dedo medio de la mano izquierda.
- El anillo de plata, deberá llevarlo colgado en el cuello.
- La campanilla de plata, deberá tenerla siempre al lado de donde duerma.
- En cuanto a la copa de cobre y a la navaja, deberá tenerlos a mano, ya que serán elementos imprescindibles, cuando realice rituales, pues deberán estar su lado cuando los efectúe.

A partir de este momento, verá cambiar su vida de forma paulatina, al cabo de un año, se habrá convertido en otra persona y dispondrá de un inmenso poder, pero debe recordar, que para ello es necesario cambiar su mentalidad.

Deberá dejar el pasado a sus espaldas y no volver jamás la vista atrás, avance sin vacilaciones hacia el triunfo.

Para llevar a cabo sus encantamientos con éxito, tenga en cuenta las lunas y el calendario. Las fechas más importantes del año, por su contenido mágico, son las siguientes:

- 02 de Febrero.
- 21 de Marzo.
- Pascua.
- Domingo de Ramos.
- 30 de Abril.
- 01 de Agosto.
- 21 de Septiembre.
- 31 de Octubre.
- Todos los Santos.
- 21 de Diciembre.
- Navidad.

En cada noche de luna llena, deberá recitar la siguiente oración, mientras la contempla:

- *"Yo te contemplo y te admiro, Isis, y te entrego las fuerzas y energías de mis espíritus; yo paso por el Universo y respiro en el viento; yo soy el Universo, yo soy el viento"*

A la hora de realizar encantamientos, ya sea para Vd. O por encargo, deberá tener en cuenta el color de las velas, que utilice en función del tipo de petición, el color adecuado, lo encontrará en el capítulo dedicado a la **magia de velas**, asimismo, deberá efectuarlos en las fases lunares adecuadas y en los días de la semana propicios, las fases lunares, son las siguientes:

- **Cuarto creciente:** Exclusivamente para el bien, uniones, amistades, mejoras y prosperidad en negocios y economía, sanaciones, etc.

- **Luna Llena:** Sirve tanto para el bien como para el mal, las noches de luna llena, son las adecuadas, para pedir la culminación de los encantamientos y las realizaciones completas.

- **Cuarto menguante:** Se utiliza para el mal, enfermedades, uniones rotas, hechizos, mal de ojo, obras negativas en general.

- **Luna Nueva:** no es conveniente efectuar ningún tipo de rituales en esta fase lunar, existen algunas excepciones, que encontrarán indicadas en los propios rituales, muy pocos, que requieran esta fase.

En cuanto a los días de la semana, deberá tener en cuenta la siguiente tabla:

- **Lunes:** Indicado para combatir fluidos hostiles, en este día se cierra el paso al mal de ojo y a los hechizos.

- **Martes:** Día adecuado, para la curación de males, para vencer a enemigos y para desatar discordias.

- **Miércoles:** Día adecuado para obtener conocimientos, desarrollar facultades oculta y para pedir trabajo y fuentes de ingresos.

- **Jueves:** Día adecuado para proteger los bienes y alejar peligros.

- **Viernes:** Indicado para peticiones de amor, protecciones e influencias positivas.

- **Sábado:** Para obras maléficas y autodefensa de la muerte, por brujería.

- **Domingo:** Para peticiones de fuerza, riqueza y autoridad.

INICIACIÓN SIMPLE

Si a pesar de las ventajas, que se pueden obtener con la adecuada iniciación a la magia, no se sintiera con ánimos para llevar a cabo el ritual de iniciación, puede llevar a cabo un ritual mucho más simple, que si bien no le dará tanto poder, por lo menos le protegerá adecuadamente. El ritual es como sigue:

- Deberá comprar un brazalete de plata y un anillo también de plata, del tamaño adecuado a su dedo meñique, de la mano izquierda, ponga ambas cosas en una copa de cristal y sitúe la copa dónde pueda recibir la luz de la luna. Deberá empezar en fase de luna Nueva y siguiendo los días e intervalos indicados en el ritual de iniciación completo, rezará todas y cada una de las oraciones e invocaciones a Isis.

- Una vez completado el ciclo lunar, o sea en luna Llena y una vez completado el ritual, retirará de la copa el brazalete y el anillo y los llevará siempre puestos, a partir de este momento puede empezar a trabajar los rituales mágicos, si bien le recomendamos, que se prepare un juego de pentáculos, según lo indicado en el capítulo de **amuletos.**

CAPÍTULO VI

PASOS A SEGUIR PARA PREPARAR UN RITUAL

Cuando vaya a efectuar un ritual, deberá tener en cuenta un método de trabajo, que le ayudará a conseguir el resultado apetecido, dicho método exige seguir una serie de pasos, que son los siguientes:

ANÁLISIS DEL PROBLEMA PLANTEADO

Este es un paso fundamental, ya que a través del análisis, evitaremos caer sin quererlo, en rituales de magia negra.

CONCENTRACIÓN Y MEDITACIÓN

Este paso nos permitirá, después del análisis, visualizar cual es el mejor sistema a seguir, para conseguir los resultados apetecidos.

ESTUDIO DE LOS ELEMENTOS, QUE SE UTILIZARÁN

Una vez analizado el problema y meditado el camino a seguir, vamos a decidir de qué elementos, vamos a servirnos, para llevar a cabo el ritual. (Velas, piedras, tarot, amuletos, etc.).

PREPARACIÓN DE ESTOS ELEMENTOS

Pondremos a mano, todos y cada uno de los elementos, que hayamos decidido, que intervengan en el ritual.

ELECCIÓN DEL DÍA, PARA LLEVAR A CABO EL RITUAL

Una vez decidida la forma en que vamos a desarrollar el ritual, elegiremos cuidadosamente el día, para llevarlo a término, teniendo en cuenta las fases lunares y los días de la semana propicios al fin, que se persiga.

BAÑO DE PURIFICACIÓN

En función de la envergadura o dificultad del fin perseguido, deberemos estar en la mejor disposición posible, para lo cual, es conveniente la eliminación de todo tipo de negatividad, para ello, podemos utilizar diversos métodos. Uno de los más adecuados, es como sigue: Dispondremos un baño de agua templada, (alrededor de los 37º), donde echaremos unas gotas de agua bendita y sales de lavanda.

Este baño lo prepararemos a las 7:00 h. de la tarde del día en que vayamos a efectuar el ritual, antes de entrar en él, respiraremos tres veces profundamente, entraremos en el baño y permaneceremos en el mismo, por espacio de tres minutos, procuraremos sumergir también nuestra cabeza el mayor tiempo posible.

Cuando salgamos de baño, antes de secarnos, pasaremos por todo nuestro cuerpo en el sentido de la cabeza a los pies, una rama de **olivo** o de **ruda**, que sacudiremos enérgicamente, cuando lleguemos al final de los dedos de los pies, repetiremos este pase magnético tres veces, entonces nos secaremos con una toalla limpia, de color blanco o violeta y nos acostaremos a meditar, durante otros siete minutos.

RELAJACIÓN

Unos minutos antes de empezar el ritual, haremos unos ejercicios de relajación, que nos lleven, lo máximo posible a una desconexión de la mente y el cuerpo.

Es imprescindible encontrarnos en un estado de relajación, para iniciar el ritual.

INICIO DEL RITUAL

A la hora decidida, generalmente a la medianoche, dispondremos adecuadamente, los elementos, que antes habremos preparado.

INVOCACIÓN

Haremos la invocación de aquellas Entidades, a las que vayamos a pedir la concesión del deseo.

REALIZACIÓN DEL RITUAL

Desarrollaremos el ritual, según lo previsto.

VISUALIZACIÓN

Una vez realizada la labor mecánica del ritual, haremos una visualización, de la situación, que debe producirse una vez cumplido el deseo.

AFIRMACIÓN POSITIVA

Afirmaremos la seguridad de la obtención, del deseo formulado.

ORACIONES DE AGRADECIMIENTO Y DESPEDIDA

Una vez completado el ritual y la visualización, así como la afirmación positiva, nos despediremos de la Entidades convocadas, dándoles las gracias y rezaremos unas oraciones. En general, lo más recomendable, es rezar un padrenuestro, un avemaría y un gloria.

El seguimiento de todos y cada uno de los pasos relacionados, nos ofrece ya de por sí, un porcentaje muy elevado de éxito, por lo cual es recomendable, no omitir ninguno de ellos, aun cuando nos sintamos en la mejor predisposición, para llevar a cabo un ritual.

CAPÍTULO VII

LOS AMULETOS

Los amuletos, son elementos utilizados para la protección de diferentes áreas de la vida.

Para que tengan auténtica eficacia, deben ser construidos, especialmente para la persona, a la que vayan a destinarse, una vez preparados, deben desmagnetizarse, ritualizarse y personalizarse.

Puede ser utilizado como amuleto, cualquier cosa que queramos, pero suele dar mejor resultado si utilizamos objetos construidos sobre metales nobles (platino, oro o plata), o sobre metales conductores de energía (cobre), aunque son también inmejorables, los realizados sobre papel pergamino o sobre papiro.

Y si bien hemos dicho, que cualquier cosa, puede servirnos de amuleto (pata de conejo, etc.), tal como se ha visto tradicionalmente, la experiencia ha demostrado que los amuletos más poderosos, son aquellos que se realizan, siguiendo la Clave de la Sabiduría del Rey Salomón.

Dichos amuletos, cubren la mayor parte de necesidades de protección, incluso en el caso de aquellas personas, que se dediquen profesionalmente a la magia, ya que los hay incluso, para prever los rebotes.

Vamos ahora a describir, como efectuar cada uno de los pasos, para realizar correctamente un amuleto.

CONSTRUCCIÓN

Salvo en los casos en los que se utilice un elemento ya existente, **los amuletos**, deben construirse en los días adecuados, para decidir el día y la fase lunar adecuados, debemos tener en cuenta la tabla, que lo explica en el anterior capítulo.

DESMAGNETIZACIÓN

Una vez construido el amuleto, debemos eliminar todas las energías, que se hallen presentes en él, para lo cual, utilizaremos la siguiente formula:

- Pulverizaremos sobre el amuleto un poco de agua bendita, luego con los dedos pulgar e índice, de la mano derecha, extendidos trazaremos sobre él, tres veces la señal de la Cruz, al tiempo que decimos:

  *"Que todas las presencias y energías, que se hallen presentes en este amuleto, vuelvan a las profundidades carentes de luz, de donde han salido y que sean totalmente impotentes, para oponerse al fin que yo **(diga aquí el nombre elegido)**, le he dado"*

- Después, también con los dedos índice y medio de la mano derecha, trazaremos sobre el amuleto la señal del pentagrama de cinco puntas.

RITUALIZACIÓN

La ritualización o carga energética del amuleto, se consigue, poniéndolo rodeado de un círculo de sal gorda, de forma que la sal, quede a una distancia de 13 cm. de los bordes del amuleto y entre él y la sal, se pondrán tres velas rojas, que se encenderán pasado un minuto de la medianoche, empezando por la situada al norte y siguiendo en el sentido anti-horario. Se dejarán consumir las velas totalmente, pero no se deberá deshacer el círculo de sal, hasta la novena noche, a partir de su colocación. Llegada la novena noche, retiraremos primero la sal, luego los restos de cera de las velas y por último levantaremos el amuleto, que ya estará listo para personalizarlo.

PERSONALIZACIÓN

Una vez desmagnetizado y ritualizado, procederemos a efectuar el ritual de personalización, para ello procederemos de la siguiente manera:

Situaremos el amuleto, dentro de un triángulo formado con tres velas blancas, las encenderemos, a la medianoche y un minuto del décimo día, empezando por la situada al norte y siguiendo en el sentido anti-horario, una vez encendidas, trazaremos con los dedos índice y medio de la mano derecha, la señal del pentagrama de cinco puntas, en el aire, al tiempo que decimos:

- *"Consacro te at demiurgum".*
  "Consacro te at magiam".
  "Consacro te at utilitatem **(decir aquí el nombre de la persona, a la que vaya destinado)** *solum".*
  "Amén".

Se repetirá la señal del pentagrama y la oración un total de tres veces.

FORMA DE UTILIZACIÓN Y CARGA DE LOS AMULETOS

Una vez efectuada la personalización, pondremos el amuleto dentro o debajo de una pirámide de color rojo, donde deberá permanecer durante tres noches.

Cuando lo saquemos de la pirámide, deberemos dar las gracias y rezar un padrenuestro, un avemaría y un gloria.

Sólo entonces, estará totalmente preparado para entregarlo a su destinatario, con garantías de eficacia.

Si se cree conveniente, se podrá dar instrucciones al destinatario, para que conozca el método de recargar los amuletos y así mismo de como efectuar solicitudes de deseos a través del mismo.

A modo de ejemplo incluimos a continuación el modelo, que sugerimos como adecuado:

"Todos los amuletos, que entregamos, están DESMAGNETIZADOS, RITUALIZADOS Y PERSONALIZADOS.

Para obtener de ellos la máxima ayuda, es conveniente cargarlos una vez al mes, preferentemente durante la luna llena.

Para ello, los situaremos cerca de una ventana, a las doce de la noche y los dejaremos hasta el día siguiente, en que los recogeremos y pondremos nuevamente en su bolsa.

Los amuletos deben llevarse encima el máximo tiempo posible y como mínimo ocho horas por día. Al ser personalizados, debe llevarlos la persona, para quien se haya preparado y es mejor, que nadie más lo toque, ya que podría bloquearse su carga energética.

Cuando se desee hacer una petición en concreto, deberemos sacar el amuleto de la bolsa y a las doce de la noche, ponerlo rodeado dentro de un triángulo, que haremos con velas, del color adecuado al deseo, que vayamos a formular. Dichas velas, deberán estar bañadas con miel o con aceite de oliva.

Encenderemos las velas, empezando por la que se halle situada al norte, seguiremos por la del oeste y por último la del este. Es conveniente adquirir velas de tamaño pequeño, ya que no deberán ser apagadas y no podremos retirar el amuleto, hasta que se hayan consumido totalmente.

Mientras encendamos las velas, deberemos concentrarnos en el deseo formulado, intentando visualizar la situación que deseamos se produzca, por lo menos durante cinco minutos. Una vez formulado el deseo, es conveniente rezar alguna oración, preferentemente el GLORIA.

COLORES DE VELAS ADECUADOS PARA LAS PETICIONES:

BLANCO: *Polivalente; adecuado para eliminar energías negativas.*

ROJO: *Para obtener fuerza en las empresas y contra enfermedades.*

ROSA: *Para peticiones de amor.*

NARANJA: *Para peticiones de salud y para obtener victorias.*

AMARILLO*: Peticiones de dinero y para mejorar la memoria en estudios.*

VERDE*: Buena suerte en general y contra inflamaciones.*

AZUL*: Para tener seguridad y contra el estrés.*

AZUL OSCURO*: Para la protección.*

VIOLETA*: Mejora la capacidad de meditación.*

ORO*: Peticiones de dinero y de protección.*

PLATA*: Para obtener reputación, tener "enchufes" y como protección.*

DÍAS ADECUADOS PARA LAS PETICIONES*:*

LUNES*: Para combatir energías negativas, envidia, mal de ojo, etc.*

MARTES*: Para combatir enfermedades y vencer enemigos.*

MIÉRCOLES*: Para obtener conocimiento, para estudios y trabajo.*

JUEVES*: Protección de bienes y contra peligros mortales.*

VIERNES*: Para el amor, las protecciones y obtener influencia positiva.*

SÁBADO*: Contra todas las obras maléficas y protección contra brujería.*

DOMINGO*: Para adquirir fuerza, riqueza y autoridad.*

Es bueno recordar, que los amuletos, son una excelente protección, para su poseedor, pero que nunca deben utilizarse, para hacer peticiones, que perjudiquen a una tercera persona, ya que estas peticiones, se volverían contra quien las formulara.

También es conveniente, recordar las VIRTUDES CARDINALES, no efectuando peticiones, directamente enfrentadas a su esencia.

Agradecemos tu confianza y deseamos, que tus deseos, se vean cumplidos".

Seguro que si el destinatario da un uso adecuado al amuleto, su vida va a dar un importante giro, mejorando terriblemente su calidad de vida.

A continuación, pasaremos a ver el diseño de los amuletos

de la Clave de la Sabiduría del Rey Salomón. Dichos amuletos, pueden construirse en diferentes metales, en función de su utilidad, pero en principio, como se ha dicho anteriormente, resulta ideal la utilización de pergamino, ya que es uno de los materiales, con mayor rechazo a las energías negativas.

Después de la descripción de los amuletos mencionados, veremos los días y utilidades de cada uno de ellos.

Debemos tener muy en cuenta, que aunque un amuleto puede usarse, para efectuar peticiones de distinto tipo, debemos de elegir el más adecuado a la necesidad, que se pretende cubrir o proteger.

AMULETOS DE LA CLAVE DE LA SABIDURÍA DEL REY SALOMÓN

AMULETO Nº 1
DÍA DE CONSTRUCCIÓN: LUNES. *(DÍA DE LA LUNA)*
MATERIAL DE CONSTRUCCIÓN: Papel de pergamino y tinta gris claro o plata. Si desea hacerse en metal, debe ser necesariamente PLATA.

Debe construirse o a primera o a última hora del día, si se hace por la noche, igualmente debe ser a primera o a última hora de la noche.

Este **pentáculo**, (amuleto), es particularmente útil, para combatir fluidos hostiles, sirve para cerrar el paso al **mal de ojo** y a la **envidia**.

AMULETO Nº 2
DÍA DE CONSTRUCCIÓN: MARTES. *(DÍA DE MARTE)*.

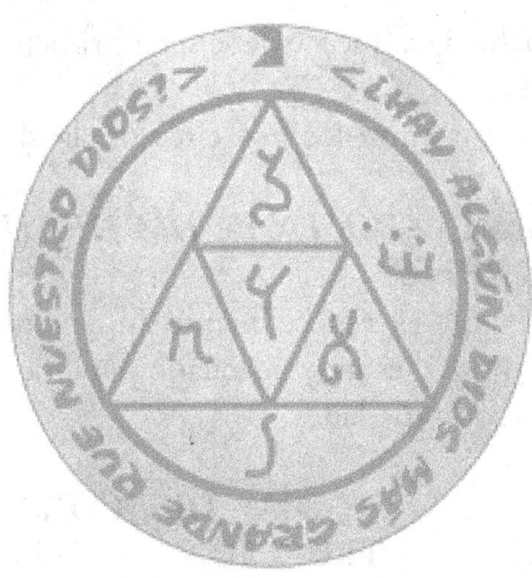

MATERIAL DE CONSTRUCCIÓN: Papel de pergamino y tinta color rojo vivo. Si desea hacerse en metal, debe ser necesariamente en HIERRO.

Debe construirse o a primera o a última hora del día, si se hace por la noche, igualmente debe ser a primera o a última hora de la noche.

Este pentáculo, debe llevar entre los dos círculos, la siguiente inscripción:

"¿HAY ALGÚN DIOS MÁS GRANDE QUE NUESTRO DIOS?"

Este **pentáculo**, (amuleto), es especialmente indicado, para combatir a las entidades maléficas y es muy adecuado para protecciones de salud.

AMULETO Nº 3

DÍA DE CONSTRUCCIÓN: MARTES. *(DÍA DE MARTE).*

MATERIAL DE CONSTRUCCIÓN: Papel de pergamino y tinta color rojo vivo. Si desea hacerse en metal, debe ser necesariamente en HIERRO.

Debe construirse o a primera o a última hora

del día, si se hace por la noche, igualmente debe ser a primera o a última hora de la noche.

Este pentáculo, debe llevar entre los dos círculos, la siguiente inscripción:

"EL SEÑOR ESTÁ A MI LADO, EN EL DÍA DE SU IRA, DESTRONÓ A LOS REYES"

Este **pentáculo**, (amuleto), es especialmente indicado, para combatir los contratiempos y es muy adecuado para asegurar la victoria frente a las contrariedades.

AMULETO Nº 4

DÍA DE CONSTRUCCIÓN: MARTES. *(DÍA DE MARTE).*

MATERIAL DE CONSTRUCCIÓN: Papel de pergamino y tinta color rojo vivo. Si desea hacerse en metal, debe ser necesariamente en HIERRO.

Debe construirse o a primera o a última hora del día, si se hace por la noche, igualmente debe ser a primera o a última hora de la noche.

Este pentáculo, debe llevar entre los dos círculos, la siguiente inscripción:

"QUE SU ESPADA SE CLAVE EN SUS MISMOS CORAZONES Y QUE SU ARCO SE QUIEBRE" (O SI SE PREFIERE EN LATÍN: "GLADIUS EORUM INTRET EN CORDA IPSORUM ET ARCUS EORUM CONFRICATUR")

Este **pentáculo**, (amuleto), es especialmente indicado, para combatir los contratiempos y es muy adecuado para asegurar la victoria frente a las contrariedades.

AMULETO Nº 5

DÍA DE CONS-TRUCCIÓN: MIÉR-COLES. *(DÍA DE MER-CURIO).*

MATERIAL DE CONSTRUCCIÓN: Papel de pergamino y tinta color púrpura. Si desea hacerse en metal, debe ser necesariamen-te en una amalgama de MERCURIO.

Debe construirse o a primera o a última hora del día, si se hace por la noche, igualmente debe ser a primera o a última hora de la noche.

Este pentáculo, debe llevar entre los dos círculos, la siguiente inscripción:

"LA SABIDURÍA Y LA VIRTUD, REINEN EN SU CASA Y EL CONOCIMIENTO DE TODAS LAS COSAS, PERMANEZCA EN ÉL POR SIEMPRE" (O EN LATÍN: "SAPIENTIA ET VIRTUS IN DOMO EIUS, ET SCIENTIA OMNIUM RERUM IXO EUM, MANENT IN SAECULA SAECULI").

Este **pentáculo**, (amuleto), es indicado, para adquirir conocimientos y desarrollar facultades ocultas, es muy adecuado para asegurar el éxito en estudios y trabajo.

AMULETO Nº 6

DÍA DE CONSTRUCCIÓN: JUEVES. *(DÍA DE JÚPI-TER).*

MATERIAL DE CONSTRUCCIÓN: Papel de pergamino y tinta color azul intenso. Si desea hacerse en metal, debe ser necesariamente en ESTAÑO.

Debe construirse a primera o a última hora del día.

Si se hace por la noche, igualmente debe ser a primera o a última hora de la noche.

Este pentáculo, debe llevar entre los dos círculos, la siguiente inscripción:

"HAN TALADRADO MIS MANOS Y MIS PIES Y HAN CONTADO TODOS MIS HUESOS".

Este **pentáculo**, (amuleto), es muy indicado, para protegerse de todo tipo de peligros mortales.

AMULETO Nº 7

DÍA DE CONSTRUCCIÓN: JUEVES. *(DÍA DE JÚPITER).*

MATERIAL DE CONSTRUCCIÓN: Papel de pergamino y tinta color azul intenso.

Si desea hacerse en metal, debe ser necesariamente en ESTAÑO.

Debe construirse o a primera o a última hora del día, si se hace por la noche, igualmente debe ser a primera o a última hora de la noche.

Este pentáculo, debe llevar entre los dos círculos, la siguiente inscripción:

"ÉL LEVANTA AL MENDIGO DEL SUELO, LEVANTA AL PO-

***BRE DEL BARRO Y LE SIENTA ENTRE LOS PRÍNCI-
PES DE SU PUEBLO"***

Este **pentáculo**, (amuleto), es muy indicado, para proteger todo tipo de bienes y propiedades.

AMULETO Nº 8

DÍA DE CONSTRUCCIÓN: VIERNES. *(DÍA DE VENUS).*

MATERIAL DE CONSTRUCCIÓN: Papel de pergamino y tinta color verde vivo. Si desea hacerse en metal, debe ser necesariamente en COBRE.

Debe construirse o a primera o a última hora del día, si se hace por la noche, igualmente debe ser a primera o a última hora de la noche.

Este **pentáculo**, (amuleto), es muy indicado, para las protecciones y la influencia positiva en todo lo relativo al amor. Es muy adecuado, para potenciar relaciones y para mejorar situaciones amorosas.

AMULETO Nº 9

DÍA DE CONSTRUCCIÓN: SÁBADO. *(DÍA DE SATURNO).*

MATERIAL DE CONSTRUCCIÓN: Papel de pergamino y tinta color negro. Si desea hacerse en metal, debe ser necesariamente en PLOMO.

Debe construirse o a primera o a última hora del día, si se hace por la noche, igualmente debe ser a primera o a última hora de la noche.

Este **pentáculo**, (amuleto), es muy indicado, para las protecciones de obras maléficas y lo relativo a la autodefensa de la muerte a través de la brujería. Es muy adecuado, para personas, que efectúen rituales de magia.

AMULETO Nº 10

DÍA DE CONSTRUCCIÓN: DOMINGO. *(DÍA DEL SOL).*

MATERIAL DE CONSTRUCCIÓN: Papel de pergamino y tinta color amarillo u oro. Si desea hacerse en metal, debe ser necesariamente en ORO.

Debe construirse o a primera o a última hora del día, si se hace por la noche, igualmente debe ser a primera o a última hora de la noche.

Este **pentáculo**, (amuleto), es muy indicado, para conseguir fuerzas, riquezas y autoridad. Es muy adecuado, para aquellas personas, que estén luchando por cobrar algo, que les deben o desean escalar puestos de responsabilidad.

Los cinco amuletos restantes, que explicaremos a continuación, son fundamentalmente para profesionales, a fin de evitar rebotes en sus trabajos.

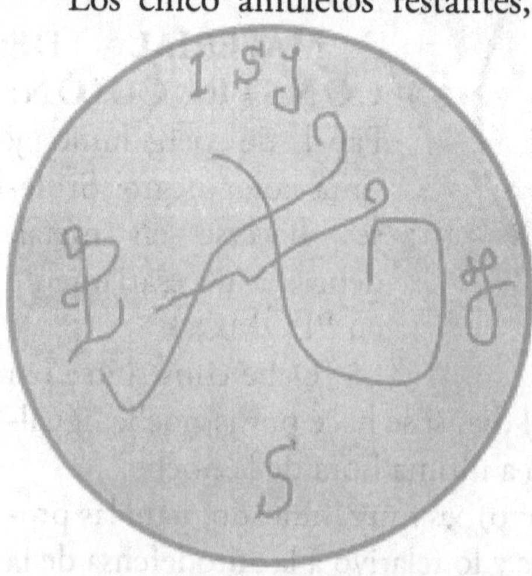

AMULETO Nº 11

DÍA DE CONSTRUCCIÓN: MARTES *(DÍA DE MARTE)*, AL AMANECER (1ª HORA DEL DÍA)

MATERIAL DE CONSTRUCCIÓN:

Papel de pergamino y tinta color rojo vivo. Si desea hacerse en metal, debe ser necesariamente en HIERRO.

Debe construirse a primera hora del día, o sea al amanecer.

Este **pentáculo**, (amuleto), es muy indicado, para aquellas personas, que estén realizando trabajos de magia o hechicería, ya que evita posibles rebotes. Por tanto imprescindible para profesionales.

AMULETO Nº 12

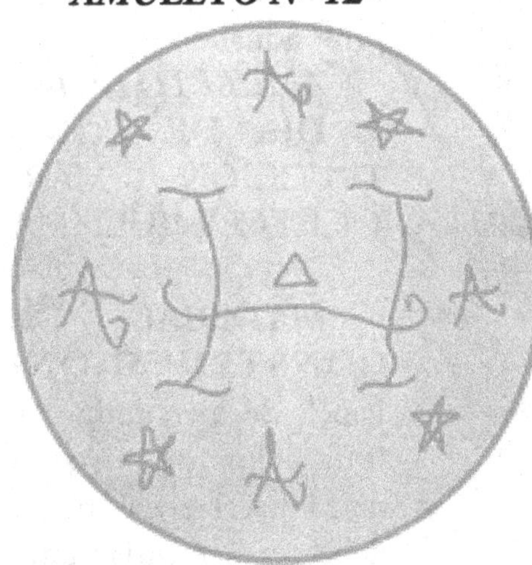

DÍA DE CONSTRUCCIÓN: MARTES *(DÍA DE MARTE)*, AL ANOCHECER (ÚLTIMA HORA DEL DÍA)

MATERIAL DE CONSTRUCCIÓN: Papel de pergamino y tinta color rojo vivo. Si desea hacerse en metal, debe ser necesariamente en HIERRO.

Debe construirse a última hora del día, o sea al anochecer, a primera hora de la noche.

Este **pentáculo**, (amuleto), es muy indicado, para aquellas personas, que estén realizando trabajos de magia o hechicería, ya que evita posibles rebotes. Por tanto imprescindible para profesionales.

AMULETO Nº 13

DÍA DE CONSTRUCCIÓN: MARTES *(DÍA DE MARTE)*, AL ANOCHECER (ÚLTIMA HORA DEL DÍA)

MATERIAL DE CONSTRUCCIÓN: Papel de pergamino y tinta color rojo vivo. Si desea hacerse en metal, debe ser necesariamente en HIERRO.

Debe construirse a última hora del día, o sea al anochecer, a primera hora de la noche.

Este **pentáculo**, (amuleto), es muy indicado, para aquellas personas, que estén realizando trabajos de magia o hechicería, ya que evita posibles rebotes. Por tanto imprescindible para profesionales.

AMULETO Nº 14

DÍA DE CONSTRUCCIÓN: MARTES *(DÍA DE MARTE)*, AL ANOCHECER (ÚLTIMA HORA DEL DÍA)

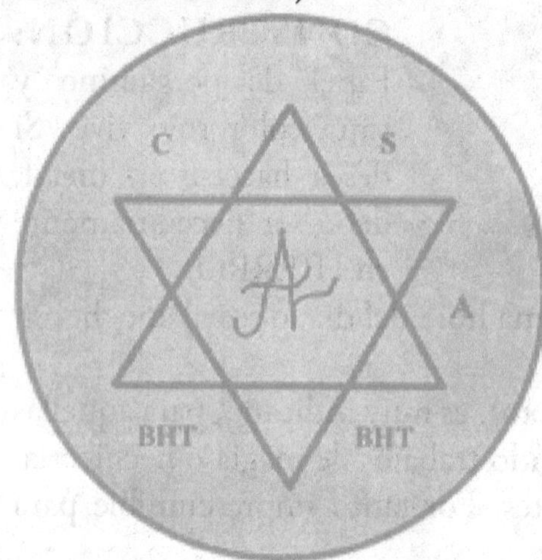

MATERIAL DE CONSTRUCCIÓN: Papel de pergamino y tinta color rojo vivo. Si desea hacerse en metal, debe ser necesariamente en HIERRO.

Debe construirse a última hora del día, o sea al anochecer, a primera hora de la noche.

Este **pentáculo**, (amuleto), es muy indicado, para aquellas personas, que estén realizando trabajos de magia o hechicería, ya que evita posibles rebotes. Por tanto imprescindible para profesionales.

AMULETO Nº 15

DÍA DE CONSTRUCCIÓN: MARTES *(DÍA DE MARTE)*, A ÚLTIMA HORA DE LA NOCHE, (JUSTO ANTES DE AMANECER).

MATERIAL DE CONSTRUCCIÓN: Papel de perga-

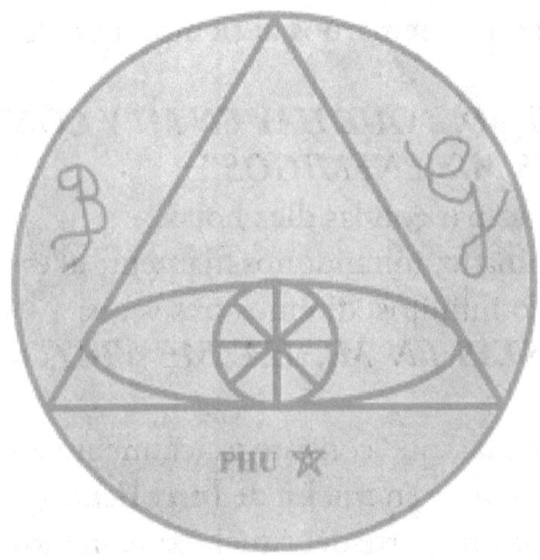

mino y tinta color rojo vivo. Si desea hacerse en metal, debe ser necesariamente en HIERRO.

Debe construirse a última hora de la noche, o sea justo antes del amanecer.

Este **pentáculo**, (amuleto), es muy indicado, para aquellas personas, que estén realizando trabajos de magia o hechicería, ya que evita posibles rebotes. Por tanto imprescindible para profesionales.

De todas maneras, no debemos olvidar, que además de los rebotes, existe también el **auto-maleficio**, que es aquel que producimos, cuando nos dejamos embargar por la negatividad o la tristeza desmesurada, o por la falta de confianza en nosotros mismos, que nos conduce invariablemente a la depresión o al bloqueo psicológico, lo que llega a bloquear nuestro campo magnético natural, cerrándonos el paso a la suerte.

Cuando nos sentimos así, debemos hacer una serie de baños de purificación, que efectuaremos de la forma siguiente:

Prepararemos una bolsita blanca, en la que introduciremos tres hojas de **salvia**, tres hojas de **olivo** y tres granos de **sal** y la llevaremos encima durante todo el tiempo que dura el ritual completo, o sea aproximadamente un mes.

En **noche de luna nueva**, prepararemos 10 hojas de papel blanco, que enrollaremos en forma de vela una a una. Tomaremos entonces un baño templado y sin secarnos, teniendo la precaución de recoger el cabello si lo llevamos largo, llenaremos nuestras manos con sal y encenderemos una hoja de papel, que iremos pasando por nuestro cuerpo centímetro a centímetro, con cuidado de no quemarnos al tiempo que decimos la siguiente oración:

"QUE SE QUEME EL MAL QUE HAY EN MÍ Y CON ÉL SE QUEMEN TODOS MIS ENEMIGOS".

Y lo repetiremos hasta acabar con las diez hojas.

Cuando hayamos terminado, mirándonos fijamente al espejo al menos durante cinco minutos, diremos tres veces:

"ESPÍRITU QUE ESTÁS EN MÍ, HAZME VICTORIOSO Y FUERTE".

La siguiente parte del ritual, que consiste exactamente en los mismos pasos, la ejecutaremos en **noche de luna llena**.

Para hacer la tercera y última parte del ritual, esperaremos a la siguiente **noche de luna nueva**, en la que volveremos a repetir los mismos pasos.

Deberemos actuar con toda energía, ya que a lo largo del ritual, es posible notar ciertas anomalías, como mareos, vómitos, etc., no deberemos asustarnos, ya que en algunos casos, la negatividad acumulada es tan fuerte, que sin darnos cuenta, podemos estarnos oponiendo a liberarnos y no debemos abandonar el ritual.

CAPÍTULO VIII
LOS TALISMANES

Los talismanes, son en realidad algo muy parecido a los amuletos, pero tienen una diferencia básica, además de proteger, pueden ser utilizados para atacar, o sea para enviar energía psíquica, contra alguien o para conseguir algún fin no deseable.

Por tanto, podríamos decir, que en muchos casos están entroncados totalmente con la magia negra.

Su sistema constructivo, es similar así mismo al de los amuletos y su forma de potenciarlos parecida, pero generalmente, se consagran a **entidades maléficas**, para conseguir con ello la fuerza de ataque.

Dada la especial filosofía de este curso, tendente a conseguir cosas positivas, no enseñaremos el sistema constructivo, pero hemos hablado de ellos, para evitar confusiones, ya que por deformación lingüística y en otros casos por desconocimiento, se suele emplear el vocablo **talismán**, en lugar de usar la palabra **amuleto**. Puesto que incluso en ámbitos profesionales, se suele cometer este error, nos hemos sentido motivados a incluir este capítulo, tan solo para deshacer posibles malos entendidos.

CAPÍTULO IX
LA LIMPIA ÁURICA

La limpia áurica, se utiliza fundamentalmente, para la eliminación de la negatividad, que se haya podido acumular por diversas causas, como el estrés, la depresión, las envidias, el mal de ojo, los hechizos, etc.

Hay que tener en cuenta que esta negatividad, conduce invariablemente a la mala suerte o incluso a la enfermedad, es por tanto importantísimo, tener el aura equilibrada y limpia. Los colores que configuran el aura, son equivalentes a los colores, que rigen cada uno de los chakras principales, que al mismo tiempo, son los que configuran el espectro de la luz; dichos colores tienen que estar equilibrados, sin que ninguno predomine sobre el otro y en seres muy espirituales, debe ser luminosa y blanca. El predominio de algún color sobre otro, nos indicará de forma fehaciente, el punto donde se acumulan los problemas. Para detectar el color del aura, podemos aprender a visualizarlo, aunque hoy en día, disponemos de medios tecnológicos, como la cámara Kirlian, que nos permite fotografiar el color de la misma.

Para proceder a hacer una limpia áurica, se deben tener en cuenta una serie de aspectos, como por ejemplo:

- La noche anterior a la limpia, deberemos poner en la cabecera de la cama una flor blanca.
- También la noche anterior, se deberá rezar tres veces la oración siguiente: *"Señor limpia mi alma, Señora limpia mi esencia, Santos del cielo limpiad mis temo-*

res, Santos Inocentes haced que mis impulsos sean puros, limpiar mi mente almas de los muertos y así que consiga llegar a mí autentica esencia, que me traerá la Luz. Amén".

- No se deberá de haber realizado el acto sexual, por lo menos durante las 24 horas anteriores a la limpia.

- Durante las anteriores 24 horas a la limpia, no se deberán tomar medicaciones o productos, que afecten al sistema nervioso.

- Deberán haber transcurrido por lo menos 40 días, desde el parto o cualquier intervención quirúrgica relacionada, con el aparato genital o sexual.

- En el caso de mujeres, por lo menos deben haber transcurrido 24 horas, desde la menstruación.

Para ayudarnos en la limpieza de aura, es conveniente la invocación a determinados Santos, entre los que cabe destacar a Sta. Rita y sobre todo a San Martín de Porres, quien con su escoba, nos ayudará a efectuar esta limpieza.

Nos ayudaremos también de algunas hierbas, que quemaremos, para que su humo disuelva las impurezas del aura.

La limpia áurica tiene fundamentalmente tres partes:

- Transferencia del mal.

- Liberación de los taponamientos, que impiden la correcta presencia del aura.

- Propiciar la aparición de determinadas corrientes, que permitan la llegada de los beneficios, espirituales o materiales, que se persiguen, para la persona a la que se está limpiando.

ELEMENTOS QUE SE UTILIZARÁN EN LAS LIMPIAS ÁURICAS:

1. Tierras rojas, negras, etc. Arena y grava fina.
2. Limones, frutas y flores.
3. Aguas aromatizadas o perfumes angélicos.

4. Humos de hierbas aromáticas y líquidos preparados para gargarismos.

5. Hierbas frescas, para frotar el cuerpo de la persona afectada.

6. Huevos de gallina.

7. Infusiones para limpiezas frías y calientes.

8. Minerales, plumas de animales.

9. Papel para absorber del cuerpo los puntos de emisión áurica negativa.

10. Velas de diversos colores.

11. Sonidos de campanillas, o maracas.

12. Invocaciones, oraciones, imágenes, cánticos, etc.

COMO PROCEDER PARA LIMPIAR EL AURA DE UNA PERSONA.

Hay una serie de signos inequívocos, que nos permitirán ver, que existen desarreglos en el aura de una persona, los más frecuentes, son los siguientes:

- Disminución o pérdida de la capacidad de entendimiento, con los demás.

- Trastornos orgánicos, fundamentalmente, problemas de cervicales, calambres musculares, migrañas, dolor en las articulaciones, suelen ser los primeros síntomas.

- Pérdida de memoria.

- Estado de angustia.

- Exceso de nerviosismo.

- Dificultad para planificar acciones.

- Malos resultados en el trabajo o en los estudios.

- Disminución o desaparición de la suerte personal.

Este tipo de desarreglos en el aura, suele producirse por situaciones de tensión o de estrés, por perdida de un ser querido, por malos deseos de los demás hacia una persona, por males de ojo, hechizos y también por los propios malos deseos o las envidias de la persona afectada. Puede también producir desarreglos en el aura, el vivir o trabajar en un local cargado de energías negativas.

En todos los casos, deberemos proceder a una limpieza del aura, que realizaremos de la forma siguiente:

El primer paso, que deberemos dar, es *DESENREDAR EL AURA*, para ello, azotaremos con la palma de la mano, el cuerpo de la persona afectada, dicha persona, deberá estar con la menor cantidad de ropa posible y aún mejor sin ropa.

En caso de que se observe, que con la palma de la mano no se consigue desenredar el aura, utilizaremos un manojo de hierbas, entre las que no deberá faltar el olivo, la ruda y la salvia, además entre ellas enzarzaremos un poquito de perejil, lo pasaremos por todo el cuerpo, como si de una escoba se tratara, empezando por la cabeza y terminando por los pies, haremos un mínimo de tres pases y en todo caso deberá ser un número de pases impar y un máximo de siete, al final de cada pase, sacudiremos las hierbas, para desprenderlas de la energía negativa, que hayan recogido.

Deberemos dirigir nuestras plegarias al Arcángel San Gabriel, para todo excepto para la enfermedad, en este caso las dirigiremos al Arcángel San Miguel.

Si detectamos, que el ensuciamiento del aura, está producido por la propia persona, averiguaremos cuales son los motivos por los que se ha producido, si los motivos son la **ira**, la **envidia**, la **mezquindad**, o la **vergüenza**, utilizaremos métodos fríos para la limpia áurica. Si por el contrario detectamos, que se ha producido por **temor**, **miedo** o **sobresalto**, utilizaremos la formula caliente.

MÉTODO FRÍO

Se pondrá sobre el vientre de la persona afectada, un emplaste de barro, se le hará beber agua de pan y arroz fría, se evitará la acción de los rayos del sol sobre su cuerpo y se le indicará la necesidad de comer tan solo verduras frías, ensaladas o frutas con mucha agua, durante veinticuatro horas despúes de la limpieza.

MÉTODO CALIENTE

El limpiador recurrirá a la utilización de aguas de olor, huevos y cataplasmas calientes de plantas sagradas. Se le recomendará tomar el sol y una alimentación normal incrementada, con la ingesta de cacao y frutos secos, durante las veinticuatro horas posteriores a la limpia áurica. Se emplearán durante la limpia, flores y soplos de alcohol, que el limpiador, soplará a la cara y cuerpo del afectado, teniendo siempre quemando incienso a poder ser de cannabis.

Frotaremos después el cuerpo del afectado con arena fina o tierra roja, haciéndole posteriormente una fricción con alcohol alcanforado, mientras, invocaremos la gracia del Arcángel adecuado al problema.

El paso siguiente, consistirá en soplos, que el limpiador dirigirá a una serie de puntos del cuerpo, en el orden que se indica a continuación:

- *CORONILLA, FRENTE, NUCA, CORAZÓN, OMBLIGO Y COLUMNA VERTEBRAL.*

Después el afectado, deberá abrazar un árbol o una planta grande, mientras relata el hecho, que cree le ha producido el desarreglo, a fin de que el árbol o planta, absorba la negatividad. Mientras, el limpiador, seguirá pidiendo gracia al Arcángel.

Antes de que el afectado, vuelva a ponerse la ropa, el limpiador deberá limpiarla correctamente, ya que el tejido, absorbe las malas influencias y podría traspasárselas nuevamente al afectado, para ello la someterá a un sahumerio general, con hierbas sagradas.

NOTA: las hierbas sagradas, pueden ser muchas, pero las más adecuadas, son:

- El olivo, la salvia, la ruda, el laurel, el orégano, la verbena, la albahaca, la altarreina, el fresno, el tabaco, el pericón, el perejil, que antes de su utilización, deberán haber sido desmagnetizadas, con agua bendita.

Si el afectado, considera que el día que quedó afectado, llevaba una determinada ropa, ésta, deberá también ser limpiada.

Se debe conocer, que de la misma manera, que podemos limpiar el aura, también podemos realizar rituales para ensuciarla, aunque en este curso no se enseñarán, ya que formarían parte de los rituales negativos.

En los casos en que se vea, que el ensuciamiento del aura, esté producido por la intervención de algún ente del inframundo, deberá el limpiador, hacer la señal de la cruz sobre los puntos del cuerpo indicados en el apartado de soplos, mientras pedirá ayuda a San Martín de Porres o a Sta. Rita. Después le hará beber una infusión de orégano en la que se pondrán tres gotas de una bebida alcohólica y le practicará nuevamente masajes con alcohol alcanforado al tiempo, que seguirá invocando la gracia del Arcángel.

En algunos casos especialmente difíciles, se deberá frotar el cuerpo del afectado, con un **pollo negro**, que el limpiador, deberá sujetar por el cuello, a fin de que el animal absorba la negatividad, mientras se invoca a San Martín de Porres o a Sta. Rita. En muchos casos al realizar este acto, puede morir el pollo, si es así, el limpiador deberá tirar el cuerpo del ave a un río o al mar, poniéndose de espaldas y arrojándolo por encima de su hombro. Deberá entonces volver con el afectado, que NO SE HABRÁ MOVIDO DE LA CONSULTA DEL LIMPIADOR, y frotarle el cuerpo con una mezcla de agua y amoniaco, lo envolverá en una manta BLANCA, o DE COLOR CLARO y pondrá en el fuego las plantas mágicas, que le servirán para hacer el sahumerio final al afectado, mientras reza a San Martín de Porres y a Sta. Rita. En caso necesario, este rito se repetirá dos días más.

Puede existir algún caso en el que la limpieza de aura no surta efecto, entonces podríamos encontrarnos ante una posesión, que pudiera requerir un exorcismo.

Existe también otro método para la limpia áurica, la que se conoce como:

LIMPIA ÁURICA POR VISUALIZACIÓN

Este método, requiere por parte del limpiador, una mucha mayor capacidad de concentración psíquica, ya que tal como su nombre indica, se fundamenta en la visualización.

El primer paso, consistirá en entrar a la persona a tratar, en un estado de relajación, lo más profunda posible, sin llegar a dormirle. Así mismo el limpiador, deberá también relajarse, para desconectar lo más posible su mente física, de su mente espiritual.

Una vez conseguido este estado, el limpiador, SOSTENIENDO UN CUARZO EN CADA MANO, practicará una inducción a la vibración simétrica en la habitación, ayudándose, del sonido vibratorio de la CAMPANILLA. (Sonido "mmmm..."). Este sonido, por armonía y simpatía, hace vibrar todos los espectros astrales, con lo cual y con la ayuda de los cuarzos, consigue el desenredado del aura.

En segundo lugar, el limpiador, VISUALIZARÁ el auxilio, que se pide al Cosmos.

Posteriormente, VISUALIZARÁ el estado actual del aura del afectado y le entregará dos trozos de cera, del color que le corresponda astrológicamente, para que el solicitante sostenga, uno en cada mano, durante tres minutos, para depositarlos luego en el recipiente, donde ya estarán encendidas las hierbas sagradas.

Acto seguido, mientras los trozos de cera, empiezan a arder junto a las hierbas, el limpiador, empezará a pasar por el costado izquierdo del solicitante, una vela de color, preferentemente violeta o amarilla, salvo en problemas graves de salud, en que se podrá emplear el color rojo. Al lado derecho del solicitante, sobre una mesa, se habrá dispuesto un candelabro, justo al lado de una imagen de Sta. Rita, la que todo lo ve y todo lo quita. Una vez le haya pasado la vela por el costado izquierdo, desde la cabeza a los pies, le indicará que se dé la vuelta y se la pasará, también de la cabeza a los pies, por el costado derecho. Mientras efectúa el pase de la vela, el limpiador, irá rezando con toda concentración la siguiente oración:

* *En nombre de Dios, de la Virgen y de los santos limpiadores San Martín y Sta. Rita; humos de las hierbas sagradas, limpiad, aclarad, aliviad y aligerad, la carga de esta aura ensombrecida. Humos de las hierbas sagradas, con el tercer ojo de Sta. Rita y la escoba de San Martín, sacar la confusión y barred lo que ensucia y da oscuridad a esta aura. Amén.*

Después, el limpiador, efectuará el sahumerio y pase de hierbas benditas e imágenes de Sta. Rita y San Martín, mientras reza la oración siguiente:

* *Tú que eres la Luz, limpia este cuerpo y esta aura. Levanta su aislamiento Santísimo Tejedor y Destejedor de auras, muéstrate en estos humos y bendícelo con el aliento de estas hierbas y de estos humos, devuélvelo a sí mismo, libéralo, ilumínalo. San Martín, dale fuerza a esta escoba; Sta. Rita, ilumina su frente; San Pancracio, da frutos a su esfuerzo. Amén.*

A continuación, le pasará por la cabeza del afectado, un huevo de gallina, para que absorba a través del chakra corona, la negatividad, al tiempo, el afectado, deberá sostener entre sus manos un cuarzo grande y el limpiador, hará vibrar nuevamente la campanilla, para conseguir el sonido "mmmm..."

Por último, se pasará por el cuerpo del afectado, velas del color correspondiente a la intención general de la limpia, acompañándose de la siguiente oración:

- *A Ti Santísima Virgen, a Ti Arcángel San Gabriel, a Ti Arcángel San Miguel, a Ti Santa Rita, a Ti San Martín, a Ti San Pancracio pido, por los humos y las hierbas sagradas:*
  Que salga limpio, que su paso sea firme, que supere los obstáculos, que su voz sea oída, que su gesto sea propicio, que logre lo que desea, que encuentre lo que busca, que su afecto reciba afecto, que su amor sea correspondido, que obtenga beneficio de su esfuerzo, que sus adquisiciones sean provechosas, que su trabajo sea recompensado.
  Por la intervención de la Virgen, de San Gabriel, de San Miguel, de Santa Rita, de San Martín y de San Pancracio. Así sea.

De forma parecida a la limpia áurica, podemos también limpiar las energías negativas de casas y negocios, para ello se utiliza el siguiente método:

LIMPIA DE CASAS Y NEGOCIOS

El proceso de limpia de energías en locales y casas, empieza de la siguiente forma:

- El limpiador, producirá con la campanilla, el sonido "mmmm...", que le permitirá detectar las zonas de mayor carga energética, ablandándola al mismo tiempo con la frecuencia de esta vibración.

- Con un recipiente, donde estén ardiendo hierbas sagradas, irá recorriendo las estancias y observará atentamente la dirección, que toma el humo, ya que el humo se dirigirá hacia el lado opuesto a las energías negativas.

- Empezará el sahumerio de cada habitación, precisamente en la esquina de mayor carga energética negativa, dejando que el humo ascienda hacia el techo, e irá recorriendo la estancia, en el sentido anti-horario, mientras irá rezando la siguiente oración, intercalando algún Avemaría:

"QUE EL MAL SALGA DE ESTA CASA (O LO-CAL), JUNTO A ESTE HUMO, QUE ASCIENDE AL CIELO, QUE SALGA EL MAL PARA SIEMPRE DE ESTOS MUROS Y DE ESTA GENTE, COMO CUANDO JESUCRISTO, ENTRÓ EN LA CASA DE JERUSALÉN. AMÉN".

- Irá pronunciando estas oraciones a lo largo del recorrido, que debe termina en el centro de cada habitación.
- Por último, se esparcirá agua bendita por toda la casa o local.

En la realización de limpias, el limpiador, deberá tener en cuenta algunas protecciones, imprescindibles para su seguridad, estas protecciones básicas, son las que se relacionan a continuación:

PROTECCIONES PARA EL LIMPIADOR

- El limpiador, deberá haber efectuado algún tipo de iniciación a la magia.
- Deberá tener preparados y llevar consigo, la colección completa de amuletos de la Clave de la Sabiduría del Rey Salomón.
- Es conveniente tener una bolsita de terciopelo negro o rojo, conteniendo, siete granos de sal, un imán, un cuarzo y un trozo de coral.
- Nunca, tanto si es él quien hace la limpia, como si ayuda a otro profesional, debe cruzar las piernas o brazos, ni bostezar durante el ritual, ya que podría ser invadido por la negatividad o en su caso por el infrahumano desalojado.
- En casos de gran negatividad, es conveniente que entre varias personas, siempre en número impar, formen unidos por las manos un círculo, entorno al limpiador.
- Será bueno, que antes de iniciar la limpia, se compruebe el grado de afectación, para protegerse adecuada-

mente, para ello, existen dos pruebas muy recomendables, que son las siguientes:

PRUEBA DEL ACEITE
PARA LOCALES Y CASAS

- En un platito de café o postre, pondremos una cruz y echaremos encima tres cucharaditas de aceite de oliva, en otro recipiente pondremos agua, esperaremos el anochecer, encenderemos una vela blanca y apagaremos todas las luces. A continuación, mojaremos el dedo índice de la mano izquierda en el aceite y dejaremos caer tres gotas en el recipiente con agua. Si las gotas se mantienen enteras, es que no hay negatividad, si por el contrario, se deshacen en círculos concéntricos, si hay negatividad, que será mayor, cuanto mayor sea el número y tamaño de los círculos.

PARA PERSONAS

- El ritual, se prepara igual, pero antes de tomar el aceite, con el dedo índice izquierdo, pasaremos el platito que lo contiene, describiendo tres círculos, por encima de la cabeza del afectado, el resto será igual.

PRUEBA DE LA SAL

- Colocaremos 27 granos de sal gruesa en un recipiente, donde añadiremos siete cucharaditas de alcohol, luego lo encenderemos, si la sal chisporrotea, es que hay negatividad, que será mayor, cuanto más fuerte lo haga.

CAPÍTULO X

LA MAGIA DE LAS VELAS

Las velas en los rituales, son un elemento, que nos ayuda a encontrar la adecuada concentración y la visualización del deseo, con ellas, encontramos el medio ideal para:

1. PETICIONES Y AGRADECIMIENTOS A LAS ENTIDADES.
2. PROTECCIÓN.
3. SANACIONES Y LIMPIEZAS DE AURA.
4. FORMULAR DESEOS.
5. VIDENCIA (CEROMANCIA).

Además, las velas son la mejor representación del ser, ya que también constan de los tres estadios que tiene. De forma que la CERA, representa el estadio físico (CUERPO), la MECHA, simboliza el estadio mental (MENTE) y por último, al encenderlas, la LLAMA, representa el estadio espiritual (AURA o ALMA).

Existen unas normas básicas a la hora de ir a encender velas, que deben de tenerse muy en cuenta.

- HABER ANALIZADO EL RITUAL, QUE VA A EFECTUARSE.
- ELEGIR ADECUADAMENTE EL DÍA Y LA HORA, PARA REALIZARLO.
- NO HACERLO NUNCA DESDE UN PUNTO DE VISTA FRÍVOLO.
- DIFERENCIAR SI EL RITUAL VA A EFECTUARSE PARA OTRO O PARA UNO MISMO.

- ELEGIR ADECUADAMENTE LA ENTIDAD O SANTO A QUIEN FORMULAR LA PETICIÓN.
- ELEGIR CORRECTAMENTE EL COLOR DE LA VELA, PARA ELLO DEBEREMOS TENER EN CUENTA, LA PETICIÓN, LA ENTIDAD A QUIEN SE FORMULE EL DESEO Y LA CARACTERÍSTICA ASTROLÓGICA O ESOTÉRICA, DE LA PERSONA PARA QUIEN SE PIDA.
- SE DEBERÁ ESTAR DISPUESTO A CORRESPONDER, SI SE NOS CONCEDE LO PEDIDO.
- NUNCA UTILIZAR LA MISMA VELA PARA DOS RITUALES DISTINTOS.
- PREPARAR LAS ORACIONES, PARA EL RITUAL.
- ENCENDERLAS SIEMPRE CON CERILLAS DE MADERA.
- SI EL RITUAL NO EXIGE, QUE LA VELA SE CONSUMA TOTALMENTE, NUNCA APAGARLA SOPLANDO.
- PREPARAR UN ALTAR, EN UNA HABITACIÓN ESPECÍFICA, QUE FACILITE LA CONCENTRACIÓN.
- TODOS LOS MOVIMIENTOS, DURANTE EL RITUAL, DEBEN HACERSE EN EL SENTIDO ANTI HORARIO.
- EN EL RITUAL LA PROPIA VELA, REPRESENTA AL **FUEGO**, PONDREMOS ADEMÁS INCIENSO, PARA REPRESENTAR AL **AIRE**, UN VASO CON AGUA, PARA SIMBOLIZAR AL **AGUA** Y NOS AYUDAREMOS DE SAL GRUESA, PARA LA **TIERRA**, TENIENDO ASÍ PRESENTES EN EL ALTAR LOS CUATRO ELEMENTOS.
- SI EN EL RITUAL INTERVIENEN FOTOGRAFÍAS, LAS DISPONDREMOS CERCA DEL ELEMENTO, QUE POR SIGNO ZODIACAL, LES

CORRESPONDA. DICHA CORRESPONDEN-CIA, ES LA SIGUIENTE:

- **FUEGO:** ARIES, LEO Y SAGITARIO. (EN EL NORTE)
- **AIRE:** GÉMINIS, LIBRA Y ACUARIO. (EN EL ESTE)
- **AGUA:** CÁNCER, ESCORPIO Y PISCIS. (EN EL SUR)
- **TIERRA:** TAURO, VIRGO Y CAPRICORNIO. (EN EL OESTE)

La elección de colores, la haremos en función de la siguiente tabla:

COLORES DE VELAS ADECUADOS PARA LAS PETICIONES

BLANCO: Polivalente; adecuado para eliminar energías negativas.

ROJO: Para obtener fuerza en las empresas y contra enfermedades.

ROSA: Para peticiones de amor.

NARANJA: Para peticiones de salud y para obtener victorias.

AMARILLO: Peticiones de dinero y para mejorar la memoria en estudios.

VERDE: Buena suerte en general y contra inflamaciones.

AZUL: Para tener seguridad y contra el estrés.

AZUL OSCURO: Para la protección.

VIOLETA: Mejora la capacidad de meditación.

ORO: Peticiones de dinero y de protección.

PLATA: Para obtener reputación, tener "enchufes" y como protección.

GRIS: Para protección contra hechizos y mal de ojo.

DÍAS ADECUADOS PARA LAS PETICIONES:

LUNES: Para combatir energías negativas, envidia, mal de ojo, etc. Usar velas blancas o grises.

MARTES: Para combatir males y enfermedades. Para vencer enemigos. Usar velas rojas.

MIÉRCOLES: Para obtener conocimiento, para estudios y trabajo. Usar velas amarillas, violetas y plateadas.

JUEVES: Protección de bienes y contra peligros mortales. Usar velas violeta y azul claro.

VIERNES: Para el amor, las protecciones y obtener influencia positiva. Usar velas rosa o azul celeste.

SÁBADO: Contra todas las obras maléficas y protección contra brujería. Usar velas verde oscuro.

DOMINGO: Para adquirir fuerza, riqueza y autoridad. Usar velas naranjas, doradas y plateadas.

La distribución de las velas, puede ser de diversas maneras, pero en general, se suele trabajar a partir de formas geométricas.

Salvo en casos muy concretos, es mejor trabajar con un número impar de velas, en algunos tipos de amarre de amor, se utilizan cuatro, ya que el hilo dorado, con el que se atan entre ellas, simboliza la quinta posición.

En peticiones de salud, hay que tener en cuenta, que además las velas, activan los chakras, por lo que hay que usar la vela del color del chakra afectado o bien si no se sabe exactamente cuál es, usaremos los siete colores:

- **ROJO**: Chakra nº 1 (Urogenital)
- **NARANJA**: Chakra nº 2 (Bazo - lumbar)
- **AMARILLO**: Chakra nº 3 (Abdominal)
- **VERDE**: Chakra nº 4 (Pulmonar y corazón)
- **AZUL CLARO**: Chakra nº 5 (Cuello - aparato respiratorio)
- **AÑIL O AZUL OSCURO**: Chakra nº 6 (Perineal - tercer ojo)
- **PÚRPURA O VIOLETA**: Chakra nº 7 (Corona - parte superior cabeza, espiritualidad)

A la hora de realizar el ritual, seguiremos un orden, que es el siguiente:

1. **POSICIONADO**.
Colocaremos las velas y los elementos, que vayamos a utilizar, según la distribución estudiada.

2. **DEDICATORIA**.
Dedicaremos las velas a una entidad determinada, acompañándola de la petición deseada.

3. **OFRENDA**.
Dispondremos en el altar de una vela complementaria, flores o incienso, que servirá para la ofrenda a la entidad requerida.

4. **OBSERVACIÓN**.
Haremos una cuidadosa observación de las velas, al tiempo que visualizaremos el resultado de la petición. En caso de que por cuestiones de tiempo, debieran de apagarse las velas, hay que guardarlas cuidadosamente, para que no se llegaran a mezclar, con otras, ya que estas solo podrán usarse, para continuar el mismo ritual.

5. **COMBUSTIÓN**.
Observaremos la forma de quemar las velas, ya que se ha de conseguir una combustión normal, apacible, puesto que si chisporrotea o quema rápidamente, podría señalar un rechazo a la petición. Si por el contrario, se apagan, hay que estar atentos a prenderlas rápidamente, para evitar, que el deseo no se cumpla por descuido.

6. **RAPIDEZ DE COMBUSTIÓN**.
Si la vela quema normal, es buen augurio, nos indica que la petición está siendo aceptada, si por el contrario, quema excesivamente rápido, nos indicará que el favor solicitado tiene pocas posibilidades de que se cumpla o por lo menos que debemos reforzar la ofrenda.

7. **RESTOS**.
El sedimento de cera, que dejan las velas consumidas totalmente, también nos estará indicando el estado psíquico del peticionario, su suerte, etc.

Las oraciones que se emplearán a lo largo de los rituales, deben estar en consonancia con lo pedido y podrán ser diseñadas por el oficiante, que las acompañará además de oraciones como el Avemaría u otras adecuadas a la Entidad invocada.

<u>NOTA:</u> *Aunque la distribución de las velas, podrá hacerse al libre albedrío del oficiante, existen distribuciones tradicionalmente utilizadas, cuyos esquemas pueden verse en el apartado de Distribución de Velas.*

CAPÍTULO XI
LA MAGIA DE LAS PIEDRAS

A lo largo de la Historia, encontramos gran cantidad de menciones, con relación a los efectos benéficos, que ciertas piedras, ejercen sobre el ser humano.

Fundamentalmente, estos efectos, suelen ser sobre el terreno de la salud, ciencia que se estudiaría en tratados de **gemoterapia**, pero también se les atribuyen efectos positivos, como por ejemplo mejoría de la suerte, mejoría del atractivo, etc.

Dado la naturaleza y forma de este curso, las piedras, se utilizarán como complemento de rituales, para potenciar la capacidad de visualización de la petición así como de su resultado, para ello es de gran utilidad la **amatista**, por ejemplo y en otros casos como la limpia áurica, los **cuarzos**.

Normalmente, conociéndose la efectividad, de los **amuletos (pentáculos), de la Clave de la Sabiduría**, explicados en un anterior capítulo, no recomendamos la utilización de piedras, para la confección de amuletos, pero en todo caso, si alguien prefiere un amuleto realizado, con piedras o gemas, recomendamos la utilización de las piedras **zodiacales**, que para ser potenciadas y ritualizadas, se seguirá el mismo proceso que en los amuletos, pero previamente, habrán sido lavadas, con una infusión de alguna de las hierbas mágicas, que se relatan en el capítulo de la **magia de las hierbas**, siendo una de las más adecuadas la **ruda**.

PIEDRAS ZODIACALES

- **ARIES**: AGUAMARINA, AZABACHE, JADE, RUBÍ.
- **TAURO**: ÁMBAR, CUARZO ROSA, DIAMANTE, LAPISLÁZULI.
- **GÉMINIS**: ÁGATA FUEGO, CUARZO RUTILADO, MALAQUITA, TURQUESA.
- **CÁNCER**: ÁGATA DENDRÍTICA, JASPE ROJO, OJO DE GATO, ZAFIRO.
- **LEO**: ANDALUCITA, CRISTAL DE ROCA (CUARZO), ESTEATITA, TOPACIO.
- **VIRGO**: AMAZONITA, CARNEOLA (ÁGATA), RUBÍ, RODONITA.
- **LIBRA**: AZURITA, ESMERALDA, GALENA, PERLA.
- **ESCORPIO**: ANKERITA, GALENA, RUTILO, TURMALINAS.
- **SAGITARIO**: ARAGONITO, GRANATES, PIRITA, ZOISITA.
- **CAPRICORNIO**: CALCITA, CIRCÓN, CUARZO AMATISTA, PIRITA.
- **ACUARIO**: ALEJANDRITA, FLUORITA, RUBELITA, ZAFIRO.
- **PISCIS**: ANKERITA, CIANITA, GALENA, PIEDRA DE LUNA.

CAPÍTULO XII
LA MAGIA DE LAS PLANTAS

Todas las plantas o por lo menos una mayor parte, reúnen características beneficiosas para el ser humano, pero además algunas de ellas, tienen por su integración a lo espiritual una serie de atribuciones, que las hacen imprescindibles en los rituales de magia.

Las de mayor uso son las siguientes:

- ACEBO DE MAR: Para asegurar la fidelidad de los maridos.
- AJO: Para protección de casas y locales, se usará también para evitar riesgos de cárcel.
- **ALBAHACA**: Indispensables para limpias, de gran valor para propósitos amorosos.
- **ALTARREINA**: Llamada también "hierba de Aquiles", tiene efectos hipotensores.
- CÁLAMO: Aromático seco. Para limpias.
- CASTAÑO DE INDIOS: Utilizado para atraer el dinero.
- CEDRO: Propicia la suerte y para alejar el mal.
- CLAVOS: Para atraer a alguien poderosamente.
- CORIANDRO: Para el amor.
- CUAJALECHE: Para limpias, inductora de la armonía.
- DAMIANA: Muy apreciada para la confección de pócimas de amor.
- ÉBANO: Integrantes en amuletos contra el mal de ojo.
- ESTAFIATE: Elimina efluvios áuricos negativos.

- **FLOR DE LIS:** Propiciadora de la fertilidad.
- **FLOR DE MAÍZ:** Se macera en agua y esta agua, se utiliza para rociar la casa, para obtener armonía.
- **FRESNO:** Para limpias, la fuerza de sus hojas es mucha, se puede utilizar igual para bendecir, como para maldecir.
- **HINOJO:** Muy adecuado para combatir hechizos, es bueno para formar parte de amuletos, como refuerzo de los mismos.
- **LAUREL:** Es muy bueno para proteger las casas contra hechizos, poniendo una hoja en cada rincón de la casa.
- **LAVANDA:** Imprescindible en las pócimas de amor.
- **LIMÓN:** Como detector de malas influencias, si se coloca cerca de una persona o en un local y en lugar de secarse, se pudre, es que hay malas influencias.
- **LOTO:** Contra hechizos y para atraer la buena suerte.
- **MADERA DE SÁNDALO:** Para el amor, quemándolo como incienso o macerándolo para hacer pócimas de amor.
- **MAÍZ:** Unos cuantos granos en una bolsita, atraen dinero.
- **MANZANILLA:** Para atraer la suerte.
- **MEJORANA:** Para limpia de casas y locales o para atraer pareja.
- **MENTA VERDE:** Bien molida y quemada, atrae clientes para los negocios.
- **MUÉRDAGO:** Propiedades afrodisíacas, se dice que trae la "invulnerabilidad".
- **NARDO:** Para atraer el amor. Se puede usar rociando con su esencia la fotografía del ser querido, que se ha distanciado.
- **NUEZ MOSCADA:** Para confeccionar amuletos para atraer suerte en el juego. Se agujerea, se llena con mer-

curio y se sella con cera. Se llevará en una bolsita, en el bolsillo del jugador.

- **OLIVO:** Para atraer la paz en el domicilio conyugal, para mejorar la convivencia.
- **ORÉGANO:** Potencia la obtención de beneficios en negocios.
- **PEREJIL:** Atrae influencias positivas.
- **PERICÓN:** Para limpias áuricas y de locales o casas.
- RAÍZ DE JUAN EL CONQUISTADOR: Beneficios y suerte en los negocios.
- ROMERO: Para limpias.
- **RUDA:** Poderosa hierba, adecuada para baños energéticos y limpias de todo tipo.
- **SALVIA:** Gran limpiadora de auras, erradica cualquier influencia negativa. Ingerida, propicia la videncia a través del sueño.
- TOMILLO: En las limpias de casas, trae a sus habitantes salud y bienestar.
- TRÉBOL: Macerado en vinagre durante tres días y tres noches, rociando las esquinas de una casa, tanto por fuera como por dentro, evita las malas influencias.
- VALERIANA: Una ramita bajo la almohada, trae paz espiritual.
- **VERBENA:** Trae la paz y la tranquilidad a una casa.
- VIOLETA: Atrae los efluvios positivos, por ello es muy útil añadirla en las hierbas, que vayan a usarse en una limpia.

CAPÍTULO XIII
EL TAROT Y LA MAGIA

El tarot, desde siempre ha estado emparentado con la magia, pues mágico es ya el hecho de obtener videncia a través de él, pero de la misma manera que otras muchas cosas, básicamente es un elemento, que va a servirnos para ayudarnos a visualizar el fin perseguido en un deseo o petición, de forma tal que vamos a elegir una carta, para representar al sujeto, para quien se haga la petición, en función de su imagen, por ejemplo: El Mago, El Emperador, etc.

Estableceremos a continuación una secuencia con el resto de cartas, para emular como deben de desarrollarse los acontecimientos, para conseguir el deseo, imaginemos por ejemplo a una persona, que quiera viajar a un país extranjero, para reunirse con un ser amado, haríamos la siguiente secuencia u otra de parecida (ver imagen en página anterior)

Una vez hecha esta secuencia, procederíamos a efectuar el correspondiente ritual, con velas o con el medio, que hubiéramos elegido.

Como se verá pues el Tarot, resulta ideal, para visualizar situaciones determinadas, que sin duda van a facilitar la obtención del éxito deseado en la petición.

CAPÍTULO XIV
PERFUMES Y ACEITES

Existen en el mercado un gran número de perfumes y aceites, para obtener determinados beneficios, todos ellos pueden ser útiles para el fin a los que van destinados, pero teniendo en cuenta, que previamente, deberán ser desmagnetizados, ritualizados y personalizados, ya que caso contrario, su efectividad, es más que dudosa. Para ello utilizaremos el mismo método usado en los amuletos.

En el caso de perfumes para conseguir atraer al sexo opuesto, un método de gran eficacia, es utilizar el perfume habitual del solicitante, proceder a su desmagnetización, ritualización y personalización, pero eso sí, añadiéndole en el caso de una mujer, una pequeña dosis de sus secreciones vaginales, obtenidas durante el período menstrual y en el caso de un hombre una pequeña dosis de su esperma.

Este preparado, no es difícil, pero debido a la actual situación de E.T.S., se recomienda extremo cuidado al manipular las secreciones mencionadas.

En el caso de los aceites, son fundamentalmente utilizados, para recubrir y potenciar las velas de un ritual, pero tal vez es incluso más útil usar para este fin o bien aceite de oliva o bien miel.

CAPÍTULO XV

INCIENSOS

El incienso es un purificador de ambientes y de energías, ideal para mezclar en los sahumerios, para las limpias áuricas, pero además es un elemento imprescindible, para meditar y visualizar.

Teniendo en cuenta, que el incienso facilita la concentración, se convierte en elemento imprescindible a la hora de efectuar rituales, siendo además grato a las Entidades, a las que se invocará.

Cuidaremos la elección de la fragancia, en función del objetivo perseguido en la petición o por lo menos seleccionaremos aquella, que más de nuestro agrado sea y que nos lleve a una mayor concentración.

El incienso, se presenta en VARILLAS, en CONOS y en POLVO.

1. **LAS VARILLAS**, son lo más adecuado para OFRENDAS.
2. **LOS CONOS**, son buenos para OFRENDAS y CONCENTRACIÓN.
3. **EL POLVO**, es lo mejor, para SAHUMERIOS PARA LIMPIAS y para RITUALES DE ABRECAMINOS.

CAPÍTULO XVI
COMO PREPARAR UN RITUAL

Los pasos que seguiremos para preparar un ritual, son muy parecidos a los indicados en la magia de velas, y podríamos decir que son los siguientes:

1. Analizar el problema, que motiva la petición, para ver si es el tipo de magia, que estemos dispuestos a realizar.
2. Elegir día y hora para realizarlo.
3. Tomárselo con toda seriedad.
4. Diferenciar si es un ritual para uno mismo o para otra persona.
5. Elegir cuidadosamente la Entidad a la que se invocará.
6. Diseñar la forma del ritual.
7. Escoger los elementos, que se usarán para hacer la petición. (Velas, piedras, plantas, Tarot, etc.)
8. Preparar las oraciones, que se vayan a utilizar.
9. Disponer el ritual sobre el altar, de una habitación específica.
10. Si intervienen fotografías, situarlas cerca de su elemento. (Fuego, aire, tierra, agua)
11. Visualizar la petición, e iniciar el ritual.
12. Visualizar el resultado de la petición.
13. Hacer el seguimiento del ritual. (Ver combustión de velas, etc.)
14. Afirmación del resultado.
15. Agradecimiento y despedida de la Entidad.

16. Recoger en el momento adecuado los restos del ritual, para eliminarlos de la forma adecuada.

CAPÍTULO XVII
ALGUNOS RITUALES A MODO DE EJEMPLO
RITUAL DE ABRECAMINOS

BAÑO PARA LA ELIMINACIÓN DE NEGATIVIDAD Y ESTADOS DEPRESIVOS

Cosas que se necesitan:
- **AGUA BENDITA** (Puede conseguirse en alguna Iglesia)
- **PÉTALOS DE FLOR** (A poder ser de rosa)

PREPARACIÓN:

En un viernes, a las 12 del mediodía, preferentemente en fase de luna llena, preparar un baño con agua templada (aproximadamente a 37 º C.), en el baño se pondrán sales de baño, a poder ser, aroma de lavanda, añadir en él, el agua bendita.

La persona, respirará profundamente tres veces, tomando el aire por la nariz y expulsándolo por la boca y se introducirá en este baño durante 7 minutos, las partes, que queden fuera del baño, se deberán ir mojando con la ayuda de una esponja. Al salir del baño, se frotará todo el cuerpo con los pétalos de rosa y se acostará durante una hora, durante el baño y durante el tiempo de estar acostado, deberá visualizar aquello, que se desee conseguir, fundamentalmente, salud, trabajo y estabilidad económica (nunca pensar en grandes riquezas) y especialmente, se deseará obtener las fuerzas necesarias, para enfrentarse con éxito al trabajo.

Los pétalos, se guardarán, para arrojarlos al mar, tan pronto se pueda.

COMO HACER EL RITUAL DE ABRECAMINOS

A los trece días exactos de realizado el baño, procederá a efectuar el ritual para la apertura de caminos.

Cosas necesarias:

- **VELAS BLANCAS.**
- **1 SOBRE DE INCIENSO ABRECAMINOS (*Ritualizado y personalizado*).**
- **SAL GRUESA.**
- **CERILLAS DE MADERA.**

A las 12 de la noche del treceavo día después del baño, dispondremos los anteriores elementos de la siguiente manera:

1. Poner un cenicero o un recipiente con el incienso abrecaminos.
2. Situar a su alrededor, las tres velas blancas, orientadas como en el gráfico.
3. Rodearlo todo con sal gruesa.
4. Encender las velas blancas, empezando por la situada al Este (E) y seguir en el sentido de las agujas del reloj.
5. Una vez encendidas las velas, encenderemos el incienso abrecaminos, mientras se consume, visualizaremos la situación, que deseamos conseguir, estaremos así durante siete minutos, después rezaremos alguna oración, preferentemente el "Gloria", daremos las gracias y nos despediremos, dejando consumir las velas totalmente.

RITUAL PARA ATRAER CLIENTES Y DINERO EN UN NEGOCIO

Los pasos a seguir, son los siguientes:

Deberá acercarse al mar, llevando un bidón o botella, que llenará con agua de mar, antes de llenar el recipiente, deberá de hacerse la señal de la cruz encima del mismo.

Guardaremos el agua de mar, hasta la siguiente fase de Luna Nueva, el primer día de Luna Nueva, excepto si fuera sábado o domingo, que saltaríamos al lunes, echaremos el agua de mar delante del local o tienda, luego la esparciremos bien con una escoba y al mismo tiempo diremos la siguiente oración:

"HERMANA ISIS, HIJA DEL VIENTO, MADRE DEL TIEMPO, SANGRE DE SOL, ENCADENA AQUÍ, EN TU ENCANTAMIENTO PLATEADO, A CUALQUIERA QUE PISE ESTAS LÁGRIMAS TUYAS, FORZÁNDOLO A CUMPLIR CON MI DESEO".

Si esta operación, se repite en cada Luna Nueva, los resultados están prácticamente garantizados, en el plazo de seis meses.

RITUAL PARA POTENCIAR LA SUERTE

Este ritual, es adecuado para potenciar la suerte en general y es bueno efectuarlo en viernes, siempre en luna llena o en cuarto creciente.

Asimismo, es un ritual muy adecuado para efectuarlo, la noche de Fin de Año, con independencia del día en que caiga y de la fase lunar.

ELEMENTOS QUE PRECISAREMOS:

- UNA BOTELLA DE CAVA.
- TODOS LOS PÉTALOS DE UNA ROSA BLANCA.
- TODOS LOS PÉTALOS DE UNA ROSA AMARILLA.
- TODOS LOS PÉTALOS DE UNA ROSA ROJA.

FORMA DE EFECTUARLO

Entre las siete y las nueve de la tarde, nos ducharemos normalmente, después echaremos por encima del cuerpo, el cava rosado y frotaremos suavemente todo el cuerpo, con los pétalos de las rosas. Una vez nos hayamos frotado con ellos, los guardaremos, para echarlos al mar al día siguiente.

Mientras nos estemos echando el cava y frotándonos con los pétalos de las rosas, estaremos visualizando, aquella situación o cosa, que deseamos, que nos depare la suerte.

Transcurridos siete minutos, después de habernos frotado con los pétalos, volveremos a ducharnos normalmente y procederemos a vestirnos, eso sí NO debemos utilizar durante la noche ninguna prenda de color rojo.

A PARTIR DE AQUÍ, ESTÁIS YA PREPARADOS, PARA PONER A PRUEBA VUESTRA IMAGINACIÓN, DISEÑANDO VUESTROS PROPIOS RITUALES, PARA EFECTUAR SOLICITUDES DE CUALQUIER COSA.

RECORDAR, NUESTRO CONSEJO, ES QUE NO UTILICÉIS ESTOS CONOCIMIENTOS PARA HACER EL MAL.

TENED PRESENTE ASÍ MISMO, QUE LA MAGIA NO ES PARA PUSILÁNIMES, YA QUE REQUIERE GRAN ESFUERZO Y SACRIFICIO.

DEJAROS GUIAR POR LA FE.

DISTRIBUCIONES DE VELAS 1

DISTRIBUCIONES DE VELAS 2

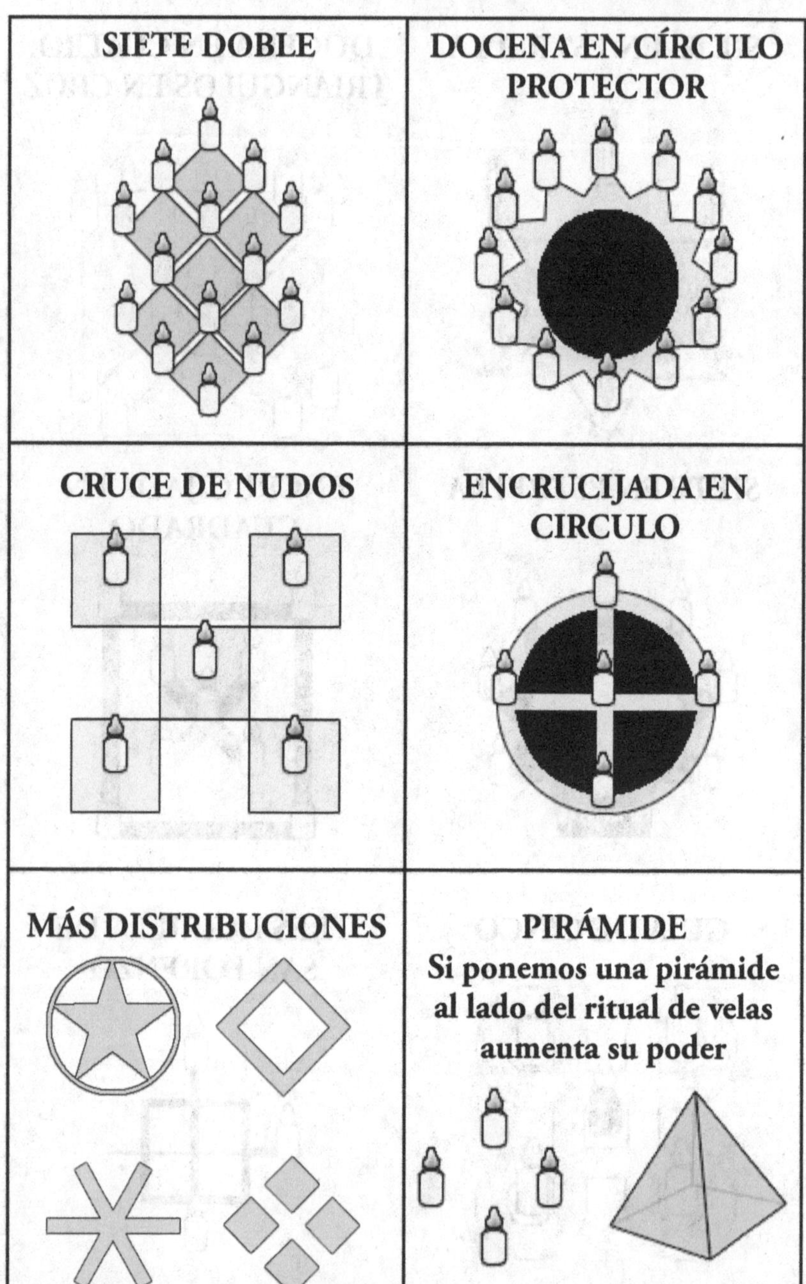

TÍTULOS DE LA COLECCIÓN COMO HACER...

01 -VIDENCIA CON LA BOLA DE CRISTAL.
02 - VIDENCIA CON LA CAFETOMANCIA. (LECTURA DE LOS POSOS DEL CAFÉ).
03 - VIDENCIA CON LOS BUCIOS (CARACOLES).
04 - LA TERAPIA DE LOS CHAKRAS Y EL AURA.
05 - DINÁMICA MENTAL.
06 - VIDENCIA CON EL DOMINÓ.
07 - HIPNOSIS.
08 - MAGIA Y RITUALES.
09 - VIDENCIA CON NUMEROLOGÍA.
10 - LECTURA DE LA CENIZA DEL PURO.
11 - LECTURA DE LA MANO (QUIROLOGÍA Y QUIROMANCIA).
12 - RELAJACIÓN Y EQUILIBRIO INTERIOR.
13 - VIDENCIA CON RUNAS VIKINGAS.
14 - SANACIÓN ESPIRITUAL POR ARQUETIPOS.
15 - VIDENCIA CON TAROT.

Manderley – Esoterismo

CAPÍTULO XVII